A. Ketschau

Ratten: Liebenswerte Riesenmäuse.

Kleiner Ratgeber für Rattenfreunde.

AF218816

2018

Bibliografische Information der Deutschen Nationalbibliothek:

Die Deutsche Nationalbibliothek verzeichnet diese Publikation in der Deutschen Nationalbibliografie; detaillierte bibliografische Daten sind im Internet über

http://dnb.d-nb.de abrufbar.

© 2021; 2., überarb. Aufl.

Herstellung und Verlag: BoD – Books on Demand, Norderstedt

Ketschau, A.

Ratten: Liebenswerte Riesenmäuse. Kleiner Ratgeber für Rattenfreunde.

ISBN 9783752659412

Alle Rechte vorbehalten.

Bildmaterial + Texte: A. Ketschau

HINWEIS / Haftungsausschuss:

Obwohl ich die Informationen in meinem Buch sorgfältig recherchiert habe, kann ich nicht ausschließen, dass sich irgendwo Fehler eingeschlichen haben. Eine Haftung für Schäden, gleich welcher Art, schließe ich aus!

Verwendete Handelsnamenmarken wurden gekennzeichnet.

Ich habe in diesem Buch vielfach meine eigene Meinung geäußert und auch mit Kritik nicht gespart. Für viele Dinge gibt es unterschiedliche Meinungen und Lösungsansätze. In diesem Buch gegebene Ratschläge müssen nicht in allen Fällen gelten oder die einzig richtigen sein. Sie spiegeln z.T. meine eigene Meinung und Erfahrungen wieder und sind nicht in jedem Fall wissenschaftlich belegt.

INHALT

Wander- und Hausratten

Name	Wanderratte (Rattus norvegicus)	Hausratte (Rattus rattus) (auch Dach- oder Schiffsratte genannt)
Ursprung	Asien	Südostasien
Lebensraum	Auf ebenem Boden, in Menschen- und Wassernähe, Felder, Kanalisation, Keller, Ställe, Müllhalden, Garagen	Dachböden und andere höher gelegene Orte, aber auch sonstige Schlupfwinkel im Freien
Körperbau	Kräftig, Schwanz mäßig lang, relativ stumpfe Schnauze	Zierlicher gebaut, relativ große Augen und Ohren, langer Schwanz, spitze Schnauze
Körperlänge	20 - 28 cm	16 – 24 cm
Schwanzlänge	17 – 23 cm	18 – 25 cm
Körpergewicht	Ca. 250 – 600 g, gelegentlich auch mehr	Ca. 200 – 400 g
Fellfarbe	Rot, gräulich oder braun mit hellem Bauch	Schwarz oder braun
Verbreitung	Weltweit	In Deutschland beinahe ausgerottet. Sie steht in Deutschland unter Schutz, obwohl sie als Schadnager gilt.
Tragezeit	Ca. 24 Tage.	Ca. 21-23 Tage.
Wurfstärke	Ca. 8-15 Welpen.	Ca. 7-12 Welpen.
Gemeinsamkeiten	4 Zehen an den Vorder- und 5 Zehen an den Hinterpfoten	

Die **Wanderratte** ist die Stammutter unserer Farbratte. Sie stammt wahrscheinlich aus Asien, wo sie vornehmlich in Wassernähe in unterirdischen Bauten lebt. Als blinder Passagier kam sie auf Schiffen nach Amerika und Europa. Als äußerst vermehrungsfreudiges, intelligentes und anpassungsfähiges Nagetier verbreitete sich die Wanderratte so über die ganze Welt. Wanderratten sind Allesfresser, die pflanzliche Kost bevorzugen. Nahrung finden sie inner- und außerhalb des Wassers. Das Fell ist rotbraun bis gräulich, das Bäuchlein heller. Diese Wildfärbung nennt man auch Agouti. Wanderratten sind intelligente, hochsoziale Tiere, die in Rudeln von bis zu 200 Tieren leben. **Hausratten** stammen ebenfalls aus Asien. Früher lebten sie auf Bäumen, heute bevorzugen sie Dachböden und andere hoch gelegene Plätze. Sie leben in Rudeln von ca. 20-60 Tieren. Die Hausratte wurde inzwischen von der Wanderratte fast verdrängt. Sie gehört heute zu den bedrohten, besonders geschützten Arten. In Deutschland wird sie seit 2009 auf der Roten Liste der vom Aussterben bedrohten Arten geführt. Die Hausratte ist zierlicher als die Wanderratte gebaut, Augen und Ohren sind größer, der Schwanz etwas länger, die Schnauze spitzer. Hausratten sind manchmal braun, meistens schwarz. Ratten gehören zu den mäuseartigen Nagetieren. Genaugenommen handelt es sich hierbei um Großmäuse innerhalb der Familie der Echten Mäuse.

V.l.: Wander-, Haus- und Farbratte.

Geschichte der Farbratten

Die ersten Wanderratten kamen Anfang des 18. Jahrhunderts auf Schiffen aus Asien nach Europa und Amerika. Was das bedeuten würde, ahnte damals noch niemand. Während die

8

Laborratten für Gesundheitsvorsorge und Forschung stehen, denken die Menschen noch immer an Nahrungsschädlinge und Krankheitsüberträger, wenn von Wildratten die Rede ist. Farbratten, also von Wanderratten abstammende Haustierratten, um die es in diesem Buch gehen soll, sind dagegen beliebte Heimtiere bei Jung und Alt. Im 19. Jahrhundert oder auch schon früher hielten professionelle Rattenfänger Ratten, die sie eingefangen hatten, um ihr Verhalten besser zu beobachten. Jack Black, einer der bekanntesten Rattenfänger aus jener Zeit, verkaufte bereits zahme Ratten an Interessenten. Die Domestikation (Haustierwerdung) der Wanderratte begann Anfang des 20. Jahrhunderts. Fahrende Zirkusleute und Schausteller stellten Albinoratten, die aus normalen Wanderratten gefallen waren, aus. Diese Ratten waren bereits zahmer und friedlicher als ihre wilden Vorfahren. Nach einiger Zeit entdeckten auch Labore und Versuchstierinstitute die zahmen Ratten für sich, was ihnen den Beinamen „Laborratte" bescherte. Das „Wistar Institute for Anatomy and Biology" der University of Pennsylvania, Philadelphia, USA, züchtete ab etwa 1906 Ratten als Labortiere. Die Nachfahren dieser Ratten sind heute unter dem Namen „Wistar-Ratten" oder „WISTA-RAT" auf der ganzen Welt als Versuchstiere in Forschungslaboren vertreten. Von 1957-1994 wurden in Deutschland vom „Zentralinstitut für Versuchstierzucht" Ratten als Labortiere gezüchtet. Später kamen immer mehr Farbschläge hervor. Und so erhielten die zahmen Nachfahren der Wanderratten den Namen „Farbratte". Man versuchte dabei, eine möglichst große genetische Vielfalt zu erreichen bzw zu bewahren. Inzwischen haben sich die Wander- und Farbratten in Physiologie, Anatomie und Verhalten relativ deutlich voneinander entfernt. Damit gilt die Farbratte als domestizierte Nachfahrin der Wanderratte. Inzwischen gibt es auch einige Zuchtvereine, die sich der Zucht von möglichst gesunden und freundlichen Farbratten verschrieben haben. Wie wir in diesem Buch noch sehen werden, tun die Zuchtvereine und Züchter einiges dafür, gesunde Farbratten zu züchten. Wie wir in diesem Buch allerdings ebenfalls noch sehen werden, ist eine seriöse Zucht leider auch kein Garant für lebenslang gesunde Nachzucht. Wahrscheinlich hat sich durch die jahrelange gezielte, genetische Manipulation auch das Erbgut der Ratten verändert – und das nicht unbedingt positiv. Inzwischen gibt es auch einige seriöse Vereine, die sich der Zucht von gesunden, wesensfesten Farbratten und/ oder der Vermittlung von in Not geratenen Ratten verschrieben haben. Diese Vereine beraten auch Interessenten und Rattenhalter und unterstützen die gezielte Rattenzucht (siehe Kapitel „Vereine").

Der Schwarze Tod, die Pest, hatte seinen Höhepunkt Mitte des 14. Jahrhunderts. Etwa ein Drittel der europäischen Bevölkerung fiel der Pest zum Opfer. Bei der Beulenpest bekommen Infizierte schwarze Flecken auf der Haut, die durch die Flohstiche hervorgerufen werden. Die Erkrankung führt zu hohem Fieber und starken Schmerzen. Im Mittelalter starben die Infizierten, da es keine Behandlungsmöglichkeit gab. Als Folge der Beulenpest kann die Lungenpest auftreten. Durch Tröpfcheninfektionen kann die Pest ebenfalls übertragen werden, z.B. durch Husten oder Niesen. Nicht die Ratten selbst übertrugen die Pest, sondern wahrscheinlich die Flöhe, die auf den Ratten lebten. Die Flöhe benutzten die Ratten als Wirt und sprangen auf Menschen über, wenn die Ratten gestorben waren. Also wurde die Pest nicht durch die Haus- oder Dachratten selbst übertragen (von Wanderratten schon gar nicht), sondern von den Flöhen, die AUF den Hausratten lebten. Inzwischen wird allerdings auch das angezweifelt. Ratten mögen so einige Seuchen tatsächlich verbreitet haben, für die Pestepidemien kann man sie nicht verantwortlich machen. Wahrscheinlicher ist es, dass die Menschen selbst die Pest untereinander übertragen haben. In den Haushalten waren innerhalb der eigenen Familie die Fallzahlen ungewöhnlich hoch. Das damalige Klima in Nordeuropa soll ebenfalls für die Ratten nicht günstig gewesen sein. Man geht heute eher davon aus, dass Menschenflöhe und Läuse die Pesterreger übertragen haben. Die Ratten waren also zumindest im Mittelalter in den meisten Fällen unschuldig! Menschenflöhe und Läuse passen als Überträger viel eher ins Bild. Beißt ein Floh einen infizierten Menschen und springt dann auf den nächsten Menschen über, um diesen ebenfalls zu beißen, kann die Pest übertragen werden.

Übrigens: gepflegte Ratten stinken nicht, und sie sind auch nicht schmutzig. Im Gegenteil, Ratten sind äußerst reinliche Tiere, die täglich viele Stunden mit der eigenen Fellpflege und dem gegenseitigen „Groomen" verbringen. Es sind also sehr hygienische Tiere! Natürlich haben Ratten einen gewissen Eigengeruch, wie alle Menschen und Tiere, aber gepflegte, gesunde und vernünftig ernährte Ratten, bei deren Behausung auch immer auf gute Hygiene geachtet wird, stinken nicht! Übrigens: Ratten sind intelligente, gesellige Rudeltiere. Niemals dürfen Ratten einzeln gehalten werden, das ist pure Tierquälerei. Ratten benötigen mindestens einen, besser zwei oder mehr Artgenossen. Wer genug Zeit, Platz, Geld und Freude daran hat, kann auch gerne ein größeres Rattenrudel halten. Wenn man sich genug mit seinen Ratten beschäftigt, werden auch ganze Rudel zahm. Dagegen gibt es auch scheue Einzeltiere. Verbringt man nicht genug Zeit mit seinen Ratten und überlässt sie zuviel sich selbst, können sie schnell scheu und bissig werden. Das gilt für Einzeltiere ebenso wie für Rudel. Und nochmals: eine Ratte darf niemals einzeln gehalten werden, das ist schiere Quälerei für ein intelligentes Rudeltier. Die Ratte sieht ihren Menschen zwar als geliebten Freund und Pfleger, aber nicht als Rattenersatz! D.h., Ratten müssen mindestens zu zweit, besser aber noch zu dritt oder zu mehreren gehalten werden. Nur dann können sie ein artgemäßes Sozialverhalten zeigen und sind glücklich.

Vorurteile & Mythen

Um Ratten – zahme wie wilde – ranken sich einige Mythen. Auf einige der am meisten verbreiteten Mythen möchte ich an dieser Stelle eingehen.

Ratten sind schmutzig. Das ist schlichtweg falsch. Im Gegenteil. Ratten sind äußerst reinliche Tiere, die viel Zeit mit der eigenen und gegenseitigen Fellpflege verbringen.

Ratten übertragen Krankheiten. Ratten übertragen die Pest. Nun, im Prinzip kann wohl jedes Tier irgendwelche Krankheiten und Parasiten übertragen. Zahme Farbratten übertragen keine Pest. Und auch die Wanderratte, von der die Farbratte abstammt, ist kein Pestüberträger. Die Pest wurde von Flöhen, die AUF den (Haus-) Ratten lebten, und / oder von Mensch zu Mensch übertragen. Ratten, zumindest Farb- und Wanderratten, sind daran unschuldig. Sie sind nicht mehr und nicht weniger Überträger als andere Tiere und Menschen. Bei Wildratten ist es mitunter tatsächlich der Fall, dass sie Krankheiten übertragen (betrifft aber nicht alle Wildratten gleichermaßen), wie bei den meisten anderen Wildtieren auch. Gesunde, gut gepflegte Farbratten, die als Heimtiere gehalten werden, übertragen nicht mehr und nicht weniger Krankheiten und Parasiten als andere Tiere! Wenn sie keinen Kontakt zu fremden Ratten/ Tieren haben, können sie sich schlecht Parasiten/ Krankheiten einfangen, es sei denn über die Menschen, mit denen sie Kontakt haben. D.h., die Ratten werden eher von den Menschen angesteckt als umgekehrt.

Ratten übertragen Toxoplasmose. Bei Schwangerschaft der Halterin müssen die Ratten abgegeben werden. Diese Sorge ist unbegründet!

Ratten haben ein Vorkoster. Ratten haben keinen Vorkoster. Sie sind lediglich intelligent genug, Nahrung, die irgendetwas Schlechtes bei der Ratte auslöste, in Zukunft zu vermeiden. Sie meiden auch Nahrung, die bei einem Rudelgenossen etwas Schlechtes auslöste. Aus diesem Grund wirken die meisten Rattengifte, die gegen Wildratten ausgelegt werden, verzögert. Sie wirken erst einige Zeit nach der Aufnahme, damit die Ratten das Aufnehmen des Gifts und die für die Ratten bösen Folgen nicht miteinander in Verbindung bringen können. Die Ratten sterben daran qualvoll an inneren Blutungen. Übrigens können diese Gifte auch anderen Tieren und Menschen gefährlich werden!

Alle Blue-Ratten sind Bluter. Das ist so nicht richtig. Früher gab es eine anfällige Zuchtlinie, die zufällig Blue war. Einen direkten Zusammenhang zwischen Blue bzw der Fellfarbe und dem Bluter-Gen scheint es jedoch nicht zu geben. Es sind nicht alle Blue-Ratten Bluter, und nicht alle Ratten, die an der Bluterkrankheit leiden, gehören dem Farbschlag Blue an.

Dumbos sind immer taub, geistig beeinträchtigt und eine Qualzucht. Der Verdacht besteht, und in einigen Fällen haben Dumbos tatsächlich unter Taubheit und anderen Dingen zu leiden, die man mit der Kopfform in Verbindung bringt. Es scheint aber auch Dumboratten zu geben, die absolut gesund und putzmunter sind. Bei der Zucht sind immer nur einwandfrei gesunde und wesensstarke Tiere zu verpaaren!

Rattenwelpen haben Welpenschutz. Man kann Rattenwelpen unter 10 Wochen direkt zu fremden Ratten setzen. Davon ist abzuraten. Man sollte vorgehen, wie unter dem Punkt Eingewöhnung beschrieben. Ein genereller Welpenschutz besteht nicht. Eine unüberlegte, falsche Zusammenführung kann deshalb zu argen Problemen und Aggressionen führen, Jungtiere können auch von älteren getötet werden.

Man kann Ratten leichter in das Rudel integrieren, wenn man sie mit Babypuder, Teebaumöl o.ä. einreibt, um den individuellen Geruch zu überdecken. Vorsicht! Manche Substanzen wie Teebaumöl sind giftig. Anfangs kann es helfen, den Geruch zu überdecken, aber irgendwann kommt der jeweils eigene Geruch durch. Man sollte vorgehen, wie im Kapitel über die Eingewöhnung beschrieben und nichts überstürzen.

Ratten, die einmal gebissen oder Blut geleckt haben, sind aggressiv und blutrünstig. Das ist Schwachsinn!

Ratten klettern gerne. Die Höhe des Käfigs ist wichtiger als die Breite. Der Käfig muss nicht groß sein. Ratten bewegen sich nicht nur kletternd fort. Sie bewegen sich viel und gewandt, und die ideale Voliere sollte breit, tief und hoch sein.

Am Farbschlag einer Ratte kann man ihren Charakter und ihre Gesundheit erkennen. Das ist Schwachsinn!

Rotäugige Ratten sind scheu, aggressiv und bissig. Das stimmt so nicht. Da rotäugige Ratten aber häufig Probleme mit den Sinnesorganen haben, z.B. zu Blindheit und Sehbeschwerden neigen, können sie sich schneller erschrecken und damit auch mal mit Schnappen reagieren. Beim Umgang mit den Tieren sollte man das bedenken und sich entsprechend bei solchen Tieren bemerkbar machen.

Druckerschwärze ist giftig. Früher war das so. Heute ist das normalerweise nicht mehr der Fall.

Ratten brauchen Heu. Sie brauchen es nicht. Man kann es ihnen zum Spielen und zum Nestbau anbieten. Allerdings staubt es teilweise stark, was den empfindlichen Atemwegen der Ratten nicht unbedingt guttut. Heunester, in deren Innerem sich ein Drahtgeflecht befindet, können für die Ratten gefährlich werden.

Ratten wurden auf Krebs gezüchtet. Das ist nur die halbe Wahrheit. Natürlich wurden Ratten früher fast ausschließlich für die Forschung verbraucht, und man geht davon aus, dass sich damit auch das Erbgut der Ratten entsprechend (negativ) verändert hat. Allerdings sterben bzw leiden auch Ratten aus seriösen Zuchten oft an Krebs und anderen Krankheiten wie z.B. Atemwegserkrankungen. Möglicherweise sind Ratten an sich schon eine anfällige Spezies.

Wildratten und Kreuzlinge zwischen Farb- und Wildratten sind gesünder und leben länger. Auch das lässt sich leider nicht pauschal bejahen, obwohl es solche Fälle gibt. Kreuzlinge aus Wildratten können scheuer sein als normale Farbratten.

Es gibt unterschiedliche Rassen. Bei Ratten werden eher unterschiedliche Typen (wie z.B. Haartexturen) und Farbschläge unterschieden, Rassen kennt man bei der Farbratte im Allgemeinen nicht.

Inzucht verursacht Krankheiten, Verhaltensprobleme u.ä. Jein. Es ist eher so, dass Inzucht (durch die Verdopplung bestimmter Gene) zu erhöhter Reinerbigkeit für bestimmte Merkmale führt. Trägt eine Ratte ein krankmachendes Gen und wird dann mit einer verwandten Ratte gekreuzt (z.B. Geschwister), dann ist die Wahrscheinlichkeit groß, dass die Geschwisterratte das krankmachende Gen ebenfalls trägt und durch die Verdopplung bei den Nachkommen die Erbfehler zutage treten. D.h., dass das krankmachende Merkmal nicht direkt durch die Inzucht „produziert" wird, sondern dass es durch die Dopplung der Gene bei den Nachkommen auftritt. Tatsächlich kann Inzucht zu schlimmen Schäden bei der Nachzucht führen (muss aber nicht). Soweit möglich, sollte zuviel Inzucht dennoch vermieden werden, da sie die Ratten tatsächlich anfälliger machen kann.

Einzelratten werden leichter und schneller zahm. Einzelrattenhaltung ist Tierquälerei! Auch zu mehreren gehaltene Ratten werden zahm, wenn man sich ausreichend mit ihnen beschäftigt. Ratten werden immer scheu (bleiben), wenn sie nicht genügend Menschenkontakt und Ansprache haben.

Ratten haben eklige, kalte und nackte Schwänze. Das ist falsch! Rattenschwänze sind weder eklig, kalt, noch nackt. Der Rattenschwanz dient zur Bewegungskoordinierung und Wärmeregulation des Körpers. Er ist mit vielen kleinen Schüppchen und borstigen Haaren bedeckt.

Alte Ratten und Einzelratten lassen sich nicht mehr in ein Rudel integrieren. Das ist falsch. Mit viel Geduld und den richtigen Partnern können nahezu alle Ratten wieder in eine Gruppe integriert werden. Auch alte Tiere und solche, die lange als Einzeltiere gehalten wurden.

Ältere Rättinnen werden nicht mehr trächtig. Das stimmt nicht. Auch ältere Rättinnen können noch Welpen bekommen. Sie sollten also nur mit Rättinnen und/ oder kastrierten Böckchen zusammen gehalten werden.

Ratten können auch draußen gehalten werden. Man kann sie mit in den Garten und zu Spaziergängen nehmen. Man kann sie sogar draußen aussetzen. Da sie Nachfahren wilder Ratten sind, kommen sie draußen gut alleine zurecht. Das ist falsch! Wenn Ratten zuviel Sonnen- bzw Tageslicht ausgesetzt sind, führt das schnell zu Schäden an den Augen. Temperaturschwankungen vertragen sie nicht gut. Weiterhin drohen Gefahren wie Beutegreifer, Straßenverkehr, Gift, rattenhassende Menschen, Menschen, die Angst vor Ratten haben…. Ratten sind auch nicht für eine Außenhaltung geeignet. Neben dem schädlichen Sonnenlicht vertragen sie auch dauernde Temperaturschwankungen nicht gut. Im Übrigen ist das Aussetzen von Haustieren jeglicher Art strafbar und eine Riesensauerei! Muss man Ratten draußen transportieren, geschieht das in einer abgedunkelten, möglichst gut temperierten Transportbox!

Anatomie, Wesen und Verhalten

Wie schon beschrieben, stammen unsere Farbratten von den Wanderratten (Rattus norvegicus) ab. Sie können gut klettern, hören und springen. Sie können ihren Körper durch jeden Spalt zwängen, sofern auch der Kopf hindurch passt. Dies können normalerweise nur Tiere ohne Schlüsselbein. Bei Ratten jedoch ist das Schlüsselbein normal ausgebildet. Ratten können gut sprinten, sind sehr gelenkig. Sie ähneln den anderen echten Mäusen sehr, sind aber kräftiger und größer. Ratten sind auch nur „große Mäuse"! Ratten sind eher mittelgroß, der Schwanz ist körperlang, spärlich behaart und mit vielen kleinen Schüppchen bzw Schuppenringen besetzt. Vorder- und Hinterläufe sind etwa gleich lang. Ratten haben wie alle Nagetiere weiches, wolliges Unterfell und härteres, etwas längeres Deck- oder Grannenhaar. Die Ohren sind nur leicht behaart, an den Pfötchen haben Ratten kein Fell. Ratten orientieren sich mit Tasthaaren (Vibrissen) an Schnauze und Augen auch im Dunkeln. Sie reagieren auch auf Berührungsreize durch die Leithaare an Beinchen und Flanken. Wilde Ratten sind überwiegend braun, grau oder schwarz gefärbt. Bei Farbratten aus Zuchten dagegen gibt es sehr viele Farben von Reinweiß, über Grau, Braun, Rot, Creme, Blau, Schwarz. Aber auch weißgescheckte Ratten oder solche mit anderen Farbschlägen, z.B. Siamabzeichen, kommen vor (siehe auch Genetikkapitel). Rättchen kommen taub und blind zur Welt, sie haben auch noch kein Fell. Um den 15. Tag herum öffnen sich die Augen der Rattenwelpen. Das Blickfeld umfasst 360 °C. Mögliche Fressfeinde wie Füchse, Katzen oder auch Greifvögel bleiben auf diese Weise selten unbemerkt. Ratten sehen im Dunkeln oder Halbdunkeln recht gut, das Farbensehen scheint nur sehr undeutlich ausgeprägt zu sein. Man sollte Ratten keinem grellen Sonnenlicht aussetzen, wenn sie nicht die Möglichkeit haben, sich in eine dunkle Ecke zurückzuziehen. Den Ratten schadet das grelle Licht. Besonders nicht und schlecht pigmentierten Rattenaugen (wie denen von Albinos) bekommt grelles Licht nicht gut. Ratten sind Makrosmaten, können also sehr gut riechen. Sie besitzen – ähnlich wie Hunde – eine flächenmäßig groß ausgebildete Riechschleimhaut. Düfte spielen z.B. bei der Erkennung von Feinden oder Rudelgenossen, aber auch bei der Ernährung, Fortpflanzung und Partnerwahl eine Rolle. Über den Geruchssinn „orten" Ratten auch Nahrung. Das unter der Nasenhöhle sitzende Jacobson'sche Organ spielt bei der Geruchserkennung ebenfalls eine große Rolle. Rattenpfötchen sind unbehaart, die vorderen Pfötchen haben fünf, die hinteren vier Zehen mit Krallen. Die Daumen sind zurückgebildet. An ihnen findet man keine Krallen. Rattenschwänze haben eine „Sollbruchstelle". Der Schwanz reißt ein oder ab, wenn man Ratten am

Schwanz hochnimmt oder ein Beutegreifer sie dort packt. Eine Ratte darf nie, niemals (!) am Schwanz festgehalten oder gar hochgehoben werden! Das ist schlimmste Tierquälerei und der Schwanz kann – ich sage es hier noch einmal - ein- oder abreißen! Von Blindschleichen kennen wir etwas ähnliches: packt etwa ein Beutegreifer ihren Schwanz, kann die Blindschleiche einen Teil davon abstoßen. Hat sie Glück, ist der Beutegreifer erst einmal mit dem abgeworfenen Schwanzende beschäftigt, und die Blindschleiche kann fliehen. Der Schwanz der Blindschleiche wächst aber höchstens zweimal nach, und die Blindschleiche ist nach Abwerfen des Schwanzes zeitlebens verstümmelt. Man nimmt weder Mäuse, noch Blindschleichen, Ratten oder andere Tiere am Schwanz hoch! Bei Rattenböckchen, die nicht kastriert sind, sind die Hoden unter dem Schwanz gut zu erkennen. Rättinnen erkennt man an drei Öffnungen von After, Genitale und Harnröhre, die eng zusammenliegen. Bei Böckchen ist der Abstand von After und Glied relativ groß. Ratten besitzen eine Harder'sche Drüse im inneren Augenwinkel. Diese erzeugt ein rötliches Sekret. Wahrscheinlich hält dieses den Augapfel sauber und geschmeidig. Ratten können nicht schwitzen. Der Wärmeausgleich findet über die wenig behaarten Öhrchen, Pfötchen und den Schwanz statt. Ratten haben einen mittels Falte geteilten Magen. Sie verspüren auch keinen Würgereflex. Auf diese Weise sind Ratten nicht in der Lage zu erbrechen. Ratten sehen mittelmäßig gut. Sie können Farben unterscheiden und selbst in der Dämmerung verschiedene Grautöne differenzieren, die kaum voneinander abweichen. Die Sehschärfe ist aber trotzdem gering. Bewegte Objekte nehmen Ratten besser wahr als unbewegte. Da Rattenaugen seitlich am Kopf sitzen, überschneiden sich die Sehfelder nur gering. Ratten sehen nicht besonders gut räumlich; Entfernungen sind für sie nicht gut abschätzbar. Sie können aber gleichzeitig beinahe 360 ° überschauen, der Kopf kann dabei in ruhiger, unbeweglicher Position verharren. Ratten können die leisesten Töne wahrnehmen. Ihr Gehör vermag Töne im Ultraschallbereich wahrzunehmen, die Hörgrenze liegt mit über 80000 Hz in einer für Menschen nicht mehr hörbaren Zone. Untereinander verständigen sich Ratten ebenfalls überwiegend im Ultraschallbereich. Ratten verfügen über ca. 10.000.000 Riechzellen. Der Geruchssinn wird z.B. dazu benutzt, Feinde, aber auch Rudelmitglieder, menschliche Bezugspersonen oder Futter zu erschnüffeln. Über den Duft finden Ratten auch das Geschlecht des Gegenübers und eine eventuelle Paarungsbereitschaft heraus. Ratten setzen auch Harntröpfchen als Duftmarken ab. So können Ratten bekannte und unbekannte Artgenossen differenzieren, sie können eine eventuelle Paarungsbereitschaft signalisieren usw. Ähnlich wie Hunde eingesetzt werden, um Krebszellen bei Menschen zu erschnüffeln, kamen hierfür auch schon Ratten zum Einsatz. Die Tasthaare (Vibrissen) an Kopf, Schnäuzchen und Körper ermöglichen der Ratte die Orientierung in der Umgebung, auch in völliger Dunkelheit. An den Pfötchen besitzen sie empfindliche Rezeptoren, die der Ratte Aufschluss über den Bodengrund geben. Auch Erschütterungen feinster Art spüren Ratten. Sie erspüren auch ein Erdbeben, lange bevor es sich für Menschen messbar ankündigt. Ratten und auch andere Tiere verlassen ihre Baue, lange bevor das Erdbeben „ausbricht". Ratten erspüren über die Geschmacksknospen auf der Zunge den Geschmack, die Art und die Genießbarkeit der Nahrung. War einmal etwas für die Ratte nicht wohlschmeckend, oder löste es bei der Ratte etwas Negatives aus, wurde diese Nahrung in der Zukunft gemieden. Scheinbar werden Geschmack, Geruch und Art der einmal als ungenießbar eingestuften Nahrung im Gehirn als „zu vermeiden" abgespeichert. Ratten können deshalb auch mäkelig reagieren, wenn ihr einmal gewohntes Futter verändert wurde oder wenn man neue Obst- und Gemüsesorten ausprobiert. Ratten lernen schon als Welpen z.T. von ihrer Mutter, was sie fressen dürfen. Ratten können sich ausgezeichnet orientieren. Im Gehirn werden alle Orientierungspunkte dreidimensional abgespeichert. Die Ratte kann sich Wege und Handlungen offenbar merken und diese auch rückwärts ablaufen lassen, sich also räumlich erinnern. Wilde Ratten leben in Rudeln, die in der Größe von etwa 20-200 Tieren stark variieren können. Die Rudel bestehen meist aus miteinander verwandten Tieren. Die Rudelmitglieder erkennen sich am Geruch. Fremde Ratten, die auch anders riechen, werden vertrieben. Die Verständigung der Rudelmitglieder untereinander erfolgt durch Duft-, Körper- und Lautsprache. Was als Besitz betrachtet wird, markieren die Ratten mit Harntröpfchen (das tun sie auch in Menschenobhut, auch der Mensch kann markiert werden). Einzelne Böckchen können sich mit mehreren Rättinnen paaren und umgekehrt. Zur Futtersuche, zur Erkundung des Reviers oder um ein neues Revier zu finden, marschieren die Ratten normalerweise gemeinsam los. Ratten verständigen sich untereinander im Ultraschallbereich, wobei sie z.B. auf ihren Aufenthaltsort oder auch auf Futtervorkommen aufmerksam machen können. Sie können aber auch für den Menschen wahrnehmbare Laute von sich geben. So z.B. Fauchen und Schnauben zum Drohen und Warnen (Abwehr von Eindringlingen), Fiepen (Angst, z.B. wenn Rattenwelpen nach der Mutter rufen oder wenn eine Ratte von einem Beutegreifer bedroht wird), Zähneknirschen. Letzteres kann Angst, Schmerz, aber auch Wohlbefinden ausdrücken. Duckt sich eine Ratte, wenn man nach ihr greift (man sollte möglichst nicht von oben nach ihr greifen, weil Beutegreifer das ebenfalls tun, wenn sie eine Ratte erhaschen wollen), hat sie Angst. Sie kann auch mit Beißen reagieren. Besser, man hält ihr die leicht geöffnete Hand hin, um sie beschnuppern zu lassen. Tut die Ratte das, klettert sie vielleicht auch auf die flache Handinnenseite. Man kann ihr dabei ruhig zureden und ihr Leckerbissen anbieten (Vorsicht: gierige Ratten können herzhaft zubeißen). Im Kapitel „Eingewöhnung" gehe ich darauf näher ein.

Obwohl die Verständigung im Ultraschallbereich dazu dient, Feinde nicht „mithören" zu lassen, scheinen einige Beutegreifer wie z.B. Katzen genau zu wissen, was da „gesprochen wird". Um sich zu begrüßen, beschnüffeln Ratten gegenseitig ihre Schnauze und ihren Analbereich. Droht eine Ratte, werden ihre Bewegungen langsamer, die Beinchen werden steif, der Körper wird seitlich gegen den Gegner gestellt, das Fell kann sich sträuben, die Augen sind geschlossen. Unterwirft sich eine Ratte, dreht sie sich auf die Seite oder den Rücken. Um die Umgebung nach Gefahren und Feinden abzusichern, stellt sich die Ratte aufrecht auf die Hinterfüßchen und horcht und schaut aufmerksam in die gesamte Umgebung. Ratten, die sich sympathisch sind, liegen oft eng aneinander gekuschelt auf einem Platz, z.B. in einer Höhle oder Hängematte. Ratten brauchen unbedingt Kontakt zu Artgenossen! Zwei Ratten muss man mindestens halten, drei oder vier wären sogar besser. Ratten verstecken sich gerne in Unterschlüpfen und beobachten von dort aus aufmerksam ihre Umgebung. Beim Fressen sitzen die Ratten auf den Hinterbeinen und halten die Nahrung mit den Vorderpfötchen. Rattenböckchen bearbeiten bei Auseinandersetzungen ihren Gegner mit den Pfötchen, was an menschliche Boxer erinnert. Ratten sind sehr reinliche Tiere und putzen täglich stundenlang ihr Fell und ihre Pfötchen, aber auch befreundete Ratten putzen sich gegenseitig. Rättinnen putzen auch ihre Welpen.

Rattenwelpen (Haubenratten)

Huskyratte

Haubenratte/ Dumbo.

Farbschläge und Genetik – Eine Einführung

An dieser Stelle möchte ich ein wenig auf die faszinierende Farbgenetik unserer Farbratten eingehen. Leider gibt es hierüber offensichtlich kaum Literatur. Zur Erstellung dieses Textes habe ich u.a. auf der Website www.bubus-rattery.de gestöbert. Wer sich näher mit der Farbrattengenetik auseinander setzen möchte, dem sei diese Website empfohlen. Desweiteren kann man sich hierzu auch mit einem versierten Rattenzüchter bzw einem Rattenzuchtverein in Verbindung setzen. Hier wird dem Interessierten in Sachen Rattengenetik sicher weiter geholfen. Es ist sehr schwer, entsprechende Literatur zu finden, die sich mit der Genetik/ Zucht von Farbratten beschäftigt. Das Buch von Marina Netzer, „Ratten: Kleine Wesen mit großem Herz", beschäftigt sich ebenfalls ein wenig mit dem Thema und ist dem Rattenneuling zu empfehlen, auch in Bezug auf andere Rattenthemen. Dieses Kapitel soll keine Anleitung zur Zucht sein. Wer sich dafür interessiert, sollte sich ebenfalls mit einem Rattenzuchtverein in Verbindung setzen.

Bei Ratten unterscheidet man den Genotyp (alle Gene, die die Ratte besitzt – diese müssen nicht unbedingt im Phänotyp sichtbar sein) und den Phänotyp, also die äußere Erscheinung. Auf den Genen sitzen Chromosomen (Kernfäden), die alle Erbinformationen beinhalten. Zudem unterscheidet man reinerbige (homozygote) und mischerbige (heterozygote) Erbanlagen. Gene können sich dominant (übergeordnet) oder rezessiv (untergeordnet) vererben. Rezessive Erbanlagen müssen von beiden Eltern kommen, um beim Nachwuchs in Erscheinung zu treten, während sich dominante Anlagen normalerweise immer vererben bzw bei den Nachkommen zeigen. Manchmal vererben sich rezessive Merkmale über sehr lange Zeiträume hinweg unbemerkt und treten vielleicht gar erst nach Jahren wieder bei den Nachkommen zu Tage, wenn zwei rezessive Träger dieses Merkmals gekreuzt werden. Ratten können für bestimmte Merkmale also rein- oder mischerbig sein, sie können Merkmale dominant (sichtbar, übergeordnet) oder rezessiv (untergeordnet und nur sichtbar, wenn das Merkmal von beiden Eltern vererbt wird) tragen bzw weitervererben. Die Gene liegen auf verschiedenen Genorten (Loci) vor. Ratten können z.B. Träger verschiedener Fellfarben sein. Die Ratte kann also eine bestimmte Farbe optisch zeigen, die dominant (übergeordnet) vererbt wurde. Sie kann reinerbig für diese Farbe sein und somit auch nur diese Farbe weiter vererben. Sie kann aber auch rezessiver Träger einer untergeordneten Farbe sein. Diese Farbe wäre dann bei betreffender Ratte nicht sichtbar, sofern die Ratte eine andere Farbe übergeordnet (dominant) trägt und vererbt. Die rezessive Farbe kann erst dann bei den Nachkommen zu Tage treten, wenn die Ratte mit einer anderen Ratte gekreuzt wird, die die betreffende Farbe rein- oder mischerbig trägt oder ein untergeordnetes Gen. Da die Rattenwelpen von jedem Elter zu gleichen Teilen ihre Gene erben, d.h. von jedem Elter die Hälfte ihrer Gene erhalten, können sie Gene bzw Farben untergeordnet weiter vererben. Rezessive (untergeordnete) Farben bzw Gene treten erst dann zutage, wenn sie in doppelter (homozygoter bzw reinerbiger) Form auftreten. Das ist z.B. dann der Fall, wenn die Rattenwelpen von jedem Elter das gleiche rezessive Gen für z.B. eine bestimmte Fellfarbe erben. Ratten können sich deshalb im Genotyp (genetische Veranlagung, die das Tier trägt) und im Phänotyp (äußere Erscheinung des Tieres) unterscheiden. Die Ratte kann z.B. mischerbig für verschiedene Fellfarben sein. Züchter verpaaren gezielt Farbschläge. Dabei sollte unbedingt auf wesensmäßig und körperlich gesunde Ratteneltern geachtet werden. D.h., die Ratten haben keine körperlichen Anomalien, sie sind nicht ängstlich, scheu oder bissig. Die Ratten sollten gesund sein. Leider sind die Farbratten nicht nur Abkömmlinge der Wanderratte, sondern auch der Laborratte. Da diese Laborratten für medizinische Versuche „verbraucht" wurden, kamen sie natürlich mit verschiedenen Krankheitserregern in Berührung. Scheinbar hat sich durch diese gezielte Manipulation auch das Erbgut der Ratten verändert, und nicht selten erkranken unsere Farbratten heute an Tumoren oder anderen Krankheiten. Eine gesunde Farbratte kann durchaus ein Alter von ca. 6-7 Jahren erreichen. Wir können allerdings froh sein, wenn unsere Farbratten ein Alter von 3-4 Jahren erreichen. Teilweise wird leider nicht einmal dieses Alter erreicht, und die Tiere sterben schon im Alter von 6 Monaten bis 2 Jahren. Da der überwiegende Teil der Farbratten sowieso als Tierfutter „gezüchtet" wird, fällt die geringe Lebenserwartung nicht einmal auf. Für die Heimtierhalter, die Farbratten als Familienmitglieder halten, ist es allerdings traurig, wenn ein Rattenleben schon so früh endet. Auf der anderen Seite gibt es aber auch seriöse Rattenzuchtvereine und Rattenzüchter, die ihre Tiere gewissenhaft züchten, die Elterntiere sorgfältig nach Wesen und Gesundheit aussuchen und versuchen, Erbkrankheiten zu bekämpfen. Die Realität sieht leider allerdings oft anders aus... Selbst seriöse Züchter können keine Gewähr dafür geben, dass alle ihre Nachzuchten bis ins hohe Alter gesund bleiben (wenn sie das tun, würde ich mir eine schriftliche Bestätigung des Züchters aushändigen lassen, dass er im Falle einer Erkrankung der Ratte alle Tierarztkosten übernimmt. Spätestens dann wird der Züchter seine Aussage überdenken!). Aber sie können durch artgerechte Haltung und gezielte Zucht mit (erb-) gesunden, wesensfesten Ratten das Risiko stark senken. Die Zucht direkt soll nicht Thema dieses Buchs sein. Ich empfehle weiterführende Literatur, auch verschiedene Websites sowie natürlich die Kontaktaufnahme mit einem Züchter bzw Zuchtverein. Ich kann an dieser Stelle allerdings nicht verschweigen, dass leider auch Ratten aus seriösen Zuchten nicht unbedingt vor (Erb-) Krankheiten gefeit sind.

Züchter verpaaren also gezielt bestimmte Farbschläge. Es gibt verschiedene Allelserien wie auch bei anderen Tieren. Allele sind bestimmte Varianten von Genen. Das Agouti- oder Wildfarbengen (A) sorgt für eine Bänderung des Einzelhaares. Die Ratte hat auf jedem Einzelhaar eine weißlich-gelbe bis braune Bänderung, die Spitze des Haares ist schwarz. Die Ratten mit der Genkombination AA (reinerbig) und Aa (mischerbig für Agouti) haben diesen Farbschlag. Bei „aa" ist das entsprechende Gen nicht vorhanden und die Ratten können diesen Farbschlag nicht ausbilden bzw weitervererben. Ratten ohne das Agoutigen nennt man auch Non-Agouti. Trägt eine Ratte das Solid-(Einfarbig) Braun/ Brown-Gen (B), wird Eumelanin (dunkles Melanin, dunkles Pigment) nicht im Fell ausgeprägt. Brown wird auch als Chocolate bezeichnet. Bisher sind Chocolate-Ratten bei uns äußerst selten. Schwarze Ratten können im Laufe der Zeit einen bräunlichen Farbton bekommen, da die Eumelaninproduktion, also die Bildung von dunklem Pigment im Alter nachlässt. Bei BB und Bb wird das Eumelanin ausgeprägt, bei bb nicht. Albinos (Allel C) bilden kein Pigment aus. Sie „leiden" unter einer Störung der Melaninproduktion, d.h. die Bildung von Pigment in Haut, Haar und Augen unterbleibt vollständig. Trägt die Ratte die Genkombinationen „CC" oder „Cc", wird Melanin ausgebildet, bei „cc" unterbleibt die Bildung von Pigmenten vollständig. Ratten mit der Genkombination „cc" sind vollkommen weiß, haben weiße bis durchscheinende Krallen, die Haut ist rosa. Die Augen sind farblos, durch die durchscheinenden Blutgefäße wirken sie rosa bis rot. Albinoratten haben häufig Probleme beim Sehen und Hören, was sie durch Kopfpendeln kompensieren, um die Geräuschquelle zu „orten". Außerdem sind sie meistens extrem lichtempfindlich. Man sollte sie vor allzu starker Lichteinwirkung schützen. Unter diesem Aspekt stimmt die Zucht von Albinoratten bedenklich. Auf dem Locus C liegen weitere Gene. Siamesenratten tragen das Gen ch. Solche Ratten sind hell, also weiß bis gelblich, und tragen dunklere Points an den kühleren Körperstellen wie Ohren, Schnäuzchen, Füßchen und Schwanz, bei Böckchen eventuell der Hodensack. Die Genkombination „ch ch" sorgt dafür, dass die gelben Pigmente aufhellen und (fast) weiß erscheinen. Durch das Gen ist die Fellfarbe von der Temperatur des Körpers abhängig. Kälte sorgt dafür, dass die Points dunkler werden (Kälteschwärzung). Wird es wärmer, hellen die Points auf. Würde man die Partien mit den dunklen Points scheren und die Ratte in eine warme Umgebung stecken, würden diese geschorenen, ursprünglich dunklen Partien heller bis weiß nachwachsen. Die Points dieser

Siamesenratten kommen in verschiedenen Farben vor. Durch eine weitere Verdünnung mit Albino zu „chc" von beige/ creme bis weiß werden die Points kleiner und heller. Diese Ratten werden Himalayan-Ratten genannt. Ratten mit dem „Gray"- (G) Locus haben verdünnte Pigmente, was zu einem hellgrauen Fell führt. GG bewirkt keine Aufhellung des Fells, Gg hellt das Fell etwas auf, und Ratten mit gg haben hellgraues bzw blaues Fell. Das Gen wird sowohl mit „dd" als auch mit „gg" gekennzeichnet, es handelt sich aber wohl bei beiden Bezeichnungen um das selbe Gen. Auch Blau wird unterschiedlich bezeichnet, z.B. als Powder Blue oder American Blue. Es geht aber wohl um den selben Farbschlag bzw das selbe Gen. Ratten im Farbschlag Mink (M) erscheinen schokoladenbraun. Manche Gene kommen nur in der Kombination mit Mink sichtbar vor, bei anderen Genen sind sie rezessiv vorhanden, beispielsweise Merle und Pearl, die sich beide dominant vererben. Ratten im Farbschlag Russian Blue (RB) haben mehr Pigment als normale Farbschläge, aber das Fell ist heller, die Ratten sind dunkelblau. Ratten mit RBRB sind schwarz, Ratten mit rbrb blau, also aufgehellt. Die Gene PED und RED führen dazu, dass die Ratte rote Augen hat, bei RED sind die Augen rubinrot (Ruby) oder dunkelrot (Dark Ruby, fast schwarz). Bei PED ist die Augenfarbe sehr hell und wirkt eher rosa oder pink.

In der Rattengenetik gibt es die Agouti-Basis und die Non-Agouti-Basis (auch Schwarze Basis, Non-Agouti-Based oder Black-Based genannt). Das Agouti-Gen ist dominant. Es kann nur vererbt werden, wenn mindestens ein Elter das Gen trägt. Das Agouti-Gen sorgt für eine Bänderung des Einzelhaares, was es deutlich von Solid unterschiedet. Eine Ratte, die keine Bänderung im Haar aufweist, ist keine Agouti-Ratte und kann Agouti auch nicht vererben. Agouti kann als reine Fellfarbe auftreten, aber auch in Kombination mit anderen Farbschlägen.

Das Red Eyed Dilute (RED) ist für beige und fawn farbene Ratten zuständig. Es führt zu roten Augen. Das Gen wird mit „R" abgekürzt. Die Kreuzung einer schwarzen Ratte (aa) mit einer beigen (aa rr) führt zu schwarzen Ratten mit dem rezessiven Gen RED. Würden zwei Ratten aus dem Wurf gekreuzt, kämen wahrscheinlich schwarze, RED-tragende Welpen dabei heraus. Davon wieder zwei gekreuzt, und wir haben 75 % schwarze Welpen, davon wiederum 50 % mit RED. Die 25 % verbliebenen Ratten sind beige (aa rr). Es gibt auch Ratten, die Farbschlägen angehören, die durch mehr Gene verursacht werden bzw die kombinierte Farbschläge zeigen. Die Vererbung wird dann komplizierter.

Ich wollte mit diesem Kapitel nur ein kleines Grundprinzip aufzeichnen. Keinesfalls soll es eine Anleitung oder Ermunterung zur Zucht sein. Auch kann ich in diesem Buch nicht auf sämtliche Farbschläge der Farbratten oder auf alle Fragen der Rattengenetik eingehen. Vielleicht habe ich den einen oder anderen Rattenfreund für dieses faszinierende, teilweise durchaus komplizierte Thema begeistern können. Um sich ein wenig mehr mit dem Thema auseinander setzen zu können, empfehle ich verschiedene Websites und natürlich das Gespräch mit einem erfahrenen, versierten Rattenzüchter. Leider scheint die (gedruckte) Literatur über Rattenzucht und -genetik recht mager zu sein. Das Buch „Ratten. Kleine Wesen mit großem Herz" von Marina Netzer beschäftigt sich ebenfalls mit den Farbschlägen. Nicht zuletzt können auch die Rattenzuchtvereine dem Interessenten weiterhelfen.

Wie beschrieben, stammen unsere Farbratten von den Wander- und auch den Laborratten ab. Seriöse Züchter von Farbratten achten auf Gesundheit, gutes Wesen, genetische Vielfalt. Die Ratten sollen resistent gegen Krankheiten, langlebig und lieb sein, nicht scheu oder bissig, sondern ihren Menschen zugetan. Leider erkranken dennoch viele Farbratten an Krebs und anderen schlimmen Krankheiten. Unsere Heimtier- oder Farbratten gibt es in vielen Farben, teilweise variieren auch die Körperform oder die Haarart. Es gibt normalhaarige Ratten, langhaarige

Ratten, solche mit gelocktem Fell, aber auch Ratten, die (fast) gar keine Haare haben. Und Ratten kommen in vielen unterschiedlichen Farbschlägen vor. Von rein weiß, über grau, braun, blau, rot, bis hin zu schwarz. Aber auch verschiedene Scheckungs- und Zeichnungsvarianten gibt es. Es gibt einfarbige Ratten (selfs), nicht einfarbige Ratten (marked varieties), Haubenratten (hooded), die weißes Fell und anders gefärbte Schultern und Köpfe („Häubchen") aufweisen. Der Farbstreifen soll sich über den Rücken bis zum Schwanz ziehen. Andere haben ein Kopfkäppchen (Capped). Solche Ratten sind weiß und haben am Kopf Farbe, die aber nicht über das Kinn oder die Ohren hinausgehen soll. Farbige Ratten mit weißen Abzeichen an Bauch, Schwanz und Pfötchen nennt man Berkshire. Farbige Ratten mit dreieckigem weißen Brustfleck nennt man Irish. Mit Schimmelung: variegated. Mit weißer Blesse: Blazed. Hier ist eine weiße, möglichst gleichmäßige (symmetrische) Blesse, also ein weißer Streifen vom Schnäuzchen bis zu den Ohren gemeint. Helles bis weißes Fell mit dunklen Abzeichen an Schwanz, Ohren, Gesicht und Pfötchen (bei Böckchen auch der Hodensack) nennt man Siam oder Himalayan. Eine weiße Ratte mit einem dunklen Sattel, egal in welcher Farbe, auf dem Rücken und einer weißen Blesse auf der Stirn nennt man Husky, nach der nordischen Hunderasse. Ratten werden in vielen unterschiedlichen Farbschlägen gezüchtet. Einige Websites und Bücher beschäftigen sich ebenfalls mit diesem Thema. Die Rattenvereine organisieren auch Zuchtschauen, bei denen man sich mit Züchtern austauschen und verschiedene Farbschläge, Zuchtformen usw in Augenschein nehmen kann. Dort findet man viele schöne Ratten in unterschiedlichen Farbschlägen. Vielleicht sind ja bei einem der nächsten Würfe der ausstellenden Züchter ein paar niedliche Knopfaugen im gewünschten Farbschlag dabei. Dabei sollte man aber auch nicht die vielen Ratten vergessen, die in Tierheimen einsitzen oder von privaten Pflegestellen betreut werden und ebenfalls auf ein dauerhaftes, liebevolles Zuhause warten. Keinesfalls sollte man Qualzuchten unterstützen, wie haarlose Ratten, schwanzlose Ratten oder andere Ratten mit

Schädigungen an den Sinnesorganen. Andererseits soll es auch haar- und schwanzlose Ratten geben, die keine Probleme haben. Ich habe da so meine Zweifel… Was ebenfalls umstritten ist: die Zucht von Dumboratten, die recht große Ohren haben. Auch diesen Ratten sagt man nach, eine Qualzucht zu sein, sie würden unter Taubheit leiden oder hätten Anomalien an der Wirbelsäule. Belegt ist weder dies noch das Gegenteil. Allerdings scheint es einige Dumboratten zu geben, die absolut gesund und putzmunter sind. Es gibt auch Rexratten mit gekräuseltem Fell. Bei diesen Ratten brechen gerne mal die Vibrissen ab. Wie wir wissen, brauchen Ratten diese Tasthaare zur Orientierung. Deshalb ist auch die Zucht von Rexen umstritten. Auch Ratten mit schlecht oder nicht pigmentierten Augenhintergründen (z.B. Albinos) sollen Probleme mit den Sinnesorganen haben. Und zumindest teilweise stimmt das auch. Es müsste hier aber ein allgemeines Umdenken unter den Züchtern stattfinden. Es ist fraglich, ob die Zucht von Ratten sein muss, die unter solchen Anomalien und Problemen leiden. Es gibt auch schwanzlose Ratten. Auch hier frage ich mich, was der Mensch mit der Zucht solcher Ratten bezwecken will. Es sieht nicht nur seltsam aus (!). Der Schwanz ist auch ein Teil der Wirbelsäule. Die Ratte benötigt ihn zur Koordinierung ihrer Bewegungen und zur Wärmeregulation des Körpers. Albinoratten leiden zudem unter zu hoher Helligkeit. Man muss sie stets vor zu greller Sonneneinstrahlung schützen (allerdings müssen sich auch Ratten mit dunklen Augen stets in den Schatten zurück ziehen können). Ansonsten gilt: was gefällt und der Ratte keinesfalls schadet, ist erlaubt. Aber es darf nicht in Übertreibungen oder gar Qualzucht ausufern. Zum Teil ist das allerdings leider schon geschehen. Rattenkäufer sollten diesen Trend eigentlich nicht durch den Kauf einer entsprechenden Ratte unterstützen. Aber da sowieso mehr Ratten „produziert" werden als an Liebhaber verkauft (z.B. werden sie vielfach von Katzen- und Schlangenhaltern als Futtertiere gekauft), fallen die Qualzuchten leider nicht ins Gewicht. Sie werden produziert, egal ob sich Tierfreunde darüber aufregen und den Verkauf torpedieren oder nicht. Helfen könnte hier nur eine Änderung von

Gesetzestexten, die die Vermehrung und Zucht von „Qualzucht-ratten" explizit verbieten. Dennoch rate ich unbedingt davon ab, solche Qualzuchten als Heimtiere aufzunehmen. Ich kann Rattenhalter verstehen, die Ratten aus dem Zooladen kaufen. Ich bin zwar für den Kauf direkt beim seriösen Züchter, aber da die Ratten und Mäuse in Zoogeschäften sowieso überwiegend im Magen von Schlange & Co. enden, kann man durchaus hin und wieder so ein bemitleidenswertes Geschöpf bei sich auf-nehmen und ihm ein solches Schicksal ersparen. Man kurbelt damit ja – anders als bei Hunde- und Katzenvermehrern (und ich meine hiermit keine seriösen Züchter!) – nicht die Vermehrung bzw den Verkauf der Tiere an. Die Ratten und Mäuse wären oh-nehin produziert worden. Warum dann nicht hin und wieder so ein bemitleidenswertes Geschöpf retten? Ich will nicht die Schlangen- und Katzenhalter verteufeln (ich halte selbst eine Katze), denn Kleinsäuger gehören nun mal zur natürlichen Er-nährung von Schlange und Katze. Aber es stimmt schon traurig, dass die meisten Farbratten und -mäuse nur für diesen einen Zweck herhalten müssen, sofern man sie nicht in der Forschung „verbraucht".... Von den fragwürdigen Bedingungen der Ver-mehrung (Zucht kann man das zum Teil nicht nennen) möchte ich hier gar nicht reden.

Neben den verschiedenen Farbschlägen gibt es übrigens auch bei Farbratten unterschiedliche Behaarungen. Es gibt bei Ratten härteres Haar, aber auch feines, weiches Fell (Satin). Es gibt Rat-ten, die (fast) gänzlich unbehaart sind (z.B. Sphynx), solche mit lockigem Fell, aber auch langhaarige Ratten. Ob diese Ratten in der Natur überleben würden, ist fraglich. Solange Ratten aber in menschlicher Obhut ein schönes, würdiges Leben führen dür-fen, können sie ruhig in verschiedenen Varietäten (ich meine keine Qualzuchten!) gezüchtet werden. Darunter dürfen aber nie Gesundheit, gutes Wesen und Vitalität leiden.

Vereine

An dieser Stelle möchte ich einige Rattenvereine kurz vorstellen, die sich mit der Zucht und/ oder dem Schutz bzw der Vermittlung von Farbratten beschäftigen. Das soll keine Abwertung anderer Vereine sein. Aber ich musste eine gewisse Auswahl treffen, und es wird Vereine geben, deren Existenz mir unbekannt ist. Rattenvereine züchten Ratten nach gewissen Gesichtspunkten, also z.B. bestimmte äußerliche Merkmale, Gesundheit und gutes Wesen. Sie führen Zuchtschauen durch und beraten auch Interessenten, Rattenkäufer und Züchter. Es gibt auch Vereine, die mit der Zucht von Farbratten nichts am Hut haben und sich in erster Linie der Vermittlung von „Notfellchen" verschrieben haben. Auch solche Vereine, die Ratten nicht züchten, beraten Rattenhalter und Interessenten. Wer einen seriösen Rattenzüchter sucht, wer gerne Ratten in Not ein neues Zuhause geben möchte, wer sich erst einmal nur mit den Farbratten näher beschäftigen möchte, wer sich mit Gleichgesinnten austauschen möchte oder wer Hilfe und Informationen sucht, kann sich an die Rattenvereine wenden.

Club der Rattenfreunde Schweiz

Der Club der Rattenfreunde Schweiz wurde 1995 gegründet. Es handelt sich um einen Tierschutzverein, mit der Rattenzucht selbst hat der Club nichts zu tun. Der Verein hat ca. 150 Mitglieder und ist Mitglied im Schweizer Tierschutz (STS). Der Verein berät Interessenten, vermittelt „Notfellchen" und führt Rattenfreunde zusammen. Zu den „Notfellchen" gehören z.B. auch Ratten aus ungewollten Würfen. Neben Farb- und Laborratten kümmert sich der Club auch um den Schutz von wilden Ratten. Der Verein versucht auch, das Image der Ratten in der Öffentlichkeit wieder „aufzupeppen" und mit Vorurteilen den Ratten gegenüber aufzuräumen. Der Verein führt Interessenten, Halter und Rattenfreunde zusammen und engagiert sich gegen

Tierversuche. Er berät auch Halter in Bezug auf möglichst artgerechte Rattenhaltung. Der Club gibt ein eigenes Rattenbuch heraus (siehe Literaturanhang). Außerdem gibt der Club eine eigene Clubzeitschrift mit dem Namen „Rattenpost" heraus.

Verein der Rattenliebhaber und -halter in Deutschland

Leider liegen mir zu diesem Verein nur wenige Informationen vor. Der VdRD wurde 1993 gegründet. Er ist der größte und älteste Rattenverein in Deutschland. Er kümmert sich um die Vermittlung von Notfellchen und engagiert sich gegen Tierversuche. Der Verein ist unterteilt in mehrere Landesgruppen. Er berät Interessenten und Rattenhalter über die Anschaffung und Pflege von Ratten und klärt auch in der Öffentlichkeit über Ratten auf. Wer Fragen und Probleme in Bezug auf Rattenhaltung und Rattenprobleme hat, kann sich an den Verein wenden. Meines Wissens hat der Verein mit der Rattenzucht nichts zu tun, sondern kümmert sich um die Vermittlung von Ratten, die ein neues Zuhause suchen, also in ihrem bisherigen Zuhause nicht bleiben können. Der Verein führt auch Treffen für die Mitglieder durch, an denen allerdings auch Nichtmitglieder teilnehmen dürfen. Der Verein gibt eine Vereinszeitschrift mit dem Namen „Rat(t)geber" heraus.

Rattenschutz- und Zuchtbund e.V.

Der Rattenschutz- und Zuchtbund wurde 2011 gegründet. Er entstand aus der Interessengemeinschaft Rattenzucht NRW und Freunde. Zum Bund gehören Rattenfreunde, Tierschützer, Rattenvermittler, Rattenhalter und Rattenzüchter. Der Verein setzt sich für die Zucht von schönen, (erb-) gesunden und freundlichen Ratten ein. Züchter müssen eine Züchterprüfung ablegen, bevor sie im Bund züchten dürfen. Derzeit (12/2021) sind drei Zuchtstätten aufgelistet. Der Verein kümmert sich aber auch um die Vermittlung von Notratten. Er stellt Mindestanforderungen für die Rattenzucht. Z.B. darf der Käfig bei einem Dreier-Ratten-Rudel nicht kleiner als 80x50x80 (BxTxH) sein. Die Ratten dürfen nicht verfüttert werden und sie dürfen nicht an Plätze vermittelt werden, bei denen davon auszugehen ist, dass sie dort verfüttert werden. Die Ratten brauchen Menschenkontakt und müssen in der Wohnung gehalten werden. Es werden auch hygienische Grundanforderungen gestellt. Die Zuchträttin muss bei Deckung mindestens 300 g wiegen. Sie darf bei Erstbedeckung nicht jünger als vier Monate und nicht älter als acht Monate sein. Sie darf maximal zwei Würfe in ihrem Leben haben. Zwischen dem Absetzen der Welpen und einer erneuten Deckung der Rättin muss mindestens 1 Monat liegen. Die Rättin muss bei Belegung augenscheinlich gesund und parasitenfrei sein, sie muss ein freundliches, offenes, nicht bissiges Wesen haben und sie darf keine offensichtlichen Anomalien oder Krankheiten zeigen. Das Zuchtböckchen muss bei Zuchteintritt mindestens 500 g wiegen. Ist das Böckchen leichter, muss es einem Zuchtrichter vorgestellt werden, der eventuell die Zuchtfähigkeit bescheinigt. Der Bock muss zum Zeitpunkt des Deckaktes mindestens 5, besser 8-9 Monate alt sein. Alle Zuchtratten müssen offensichtlich körperlich gesund, parasitenfrei und wesensmäßig geeignet sein. Sie dürfen nicht scheu, bissig oder ängstlich sein. Die Käfige müssen ausreichend groß und rattengerecht eingerichtet sein. Tiere, bei denen bekannt ist, dass sie erbliche Krankheiten tragen, z.B. Blindheit, Krebs, sind von der Zucht auszuschließen. Zuchtratten, die in einem Alter von unter 12 Monaten verstorben sind, müssen dem Zuchtwart gemeldet und von einem Tierärztlichen Institut untersucht werden (Feststellung der Todesursache innerhalb von 48 Stunden nach dem Tod). Ist bei Ratten bekannt, dass sie Träger genetischer Krankheiten sind bzw dass sie mit Ratten verwandt sind, die ihrerseits Träger genetischer Krankheiten sind, werden von der Zucht ausgeschlossen. Jede Ratte erhält eine Identitätskarte, die vom Verein ausgestellt wird. Die Ratten dürfen nur mit Identitätskarte an Rattenkäufer abgegeben werden. Der Wurf muss selbstverständlich an den Zuchtwart gemeldet werden. Der Verein verpflichtet die Züchter, Ratten, die nicht in ihrem Zuhause bleiben können, wieder zurückzunehmen. In jedem Fall ist aber dafür Sorge zu tragen, dass die Ratten an einen guten Platz weiter vermittelt werden. Der Züchter muss den Interessenten und Welpenkäufern stets mit Rat und Tat zur Seite stehen. Der Züchter/ Zuchtgemeinschaft darf nicht mehr als 12 Würfe im Jahr haben – und das ist eigentlich schon eine Hausnummer! Rot- und pinkäugige Ratten dürfen nur zur Zucht eingesetzt werden, wenn sie kein Kopfpendeln zeigen (das kann für Seh- und/ oder Gehörprobleme sprechen). Dumboratten dürfen zur Zucht eingesetzt werden. Es müssen aber Körper- und Kopfformen stets überwacht werden. Zeigt eine Dumboratte Auffälligkeiten, wird sie von der Zucht ausgeschlossen. Ratten sollten auf einer Zuchtschau einem Richter vorgeführt werden. Rexe dürfen zur Zucht eingesetzt werden, wenn sie keine Probleme mit dem Fell und den Vibrissen haben. Sie sollten wie alle zur Zucht vorgesehenen Ratten einen Zuchtrichter vorgeführt werden. Letalverpaarungen, also Verpaarungen, bei denen Totgeburten zu erwarten sind, sind verboten. Dazu gehört z.B. die Kreuzung von zwei Downunderratten oder zwei Pearls. Rattenwelpen, die diese Merkmale homozygot (reinerbig) tragen, also das Merkmal von jedem Elter erhalten haben, sterben meist schon im Mutterleib ab. Deshalb sind solche Verpaarungen zu vermeiden. Stirbt ein solcher Embryo im Mutterleib ab, kann die Rättin daran verenden. High-White-Ratten, also solche mit hohem Weißanteil, sollten nicht miteinander verpaart werden, sondern jeweils mit einem anderen Farbschlag. Bei dem sog. Megacolon, das dabei auftreten kann, sterben die betroffenen Ratten qualvoll an einem Darmverschluss. Oder sie werden eingeschläfert. Diese Komplikation tritt manchmal auch bei anderen Verpaarungen auf, das Risiko ist bei anderen Verpaarungen aber weit geringer. Auch zwei Rexe, also solche Ratten mit gekräuseltem Fell, dürfen nicht miteinander verpaart werden. Die Vibrissen brechen schnell ab, die Wimpern sind stark gekräuselt und können den Ratten in die Augen wachsen. Auch die Kommunikation mit anderen Ratten über das Fell ist bei Rexen eingeschränkt. Nacktratten (Sphynx) und schwanzlose Ratten (Manx) sind ebenfalls zu den Qualzuchten zu zählen und von der Zucht auszuschließen. Der Schwanz dient der Regulierung der Körpertemperatur, der Kommunikation und auch der Bewegungskoordination. Das Skelett von schwanzlosen Ratten kann ebenfalls Verformungen aufweisen. Sphynxratten haben kein Fell, teilweise auch keine Wimpern und keine Vibrissen. Die Zucht dieser Ratten ist in Deutschland verboten.

Überlegungen vor dem Kauf von Ratten

Bevor die Ratten einziehen, muss man einiges bedenken. Wie an anderer Stelle ausgeführt, müssen Ratten mindestens zu zweit, besser noch zu dritt oder zu mehreren gehalten werden. Ratten sind gesellige, soziale Rudeltiere und dürfen nie ein Leben in Einzelhaft fristen. Wieviel sich der Mensch mit seinen Ratten beschäftigt, ist zwar nicht egal, da vernachlässigte Ratten schnell scheu und bissig werden, aber der Mensch ersetzt bei aller Liebe und Fürsorge keine anderen Ratten! Entscheidet man sich gleich für ein größeres Rattenrudel, muss man ihm Todesfall einer Ratte nicht sofort losstürmen und eine neue Ratte besorgen (und diese geduldig in das Rudel integrieren). In Rudeln, die aus drei oder mehr Ratten bestehen, kommt es deutlich seltener zu ernsthaften Beißereien als in Zweiergruppen. Alle Familienmitglieder sollten mit der Rattenhaltung einverstanden sein. Ggfs. sollte man vor der Anschaffung beim Arzt einen Allergietest machen lassen. Nichts wäre schlimmer, als die geliebten Rättchen wieder hergeben zu müssen. Allerdings gibt es Rattenhalter, die trotz Allergie gut mit den Tieren klarkommen: ggfs. Medikamenteneinstellung durch den Arzt, außerdem kann man verhindern, dass die Ratten auf der bloßen Haut herumlaufen, etwa, indem man immer einen Kittel und Handschuhe (Latexhandschuhe) trägt, wenn man sich mit den Ratten beschäftigt. Natürlich wird alles im Rattenzimmer peinlich sauber gehalten (was allerdings auch zu verstärktem Markieren seitens der Ratten führen kann).

Dass man stets für ausreichend Hygiene sorgen muss, ist ja in jedem Fall selbstverständlich. Ratten markieren alles mit winzigen Harntröpfchen und machen meistens auch vor geliebten Menschen nicht Halt. Wird durch Ratten markierte Kleidung gewaschen, führt das meist wieder zu verstärktem Markieren. Mit einem Kittel und ggfs Handschuhen kann man seine Kleidung schützen und für Allergiker mag es ebenfalls angenehmer sein, einen Kittel zu tragen. Dieser Kittel wird nur angezogen, wenn man zu den Ratten geht und danach wieder abgelegt. Was ich in vielen Rattenratgebern gelesen habe, ist die Behauptung, dass die Begeisterung für Tiere bei Kindern und Jugendlichen irgendwann immer nachlässt und die Eltern sich nun alleine um die Tiere kümmern müssen. Nun, wenn ich meine eigene Situation betrachte, kann ich nur sagen: das stimmt NICHT in jedem Fall! D.h., natürlich gibt es diese Fälle oft, aber es ist nicht grundsätzlich so, nicht in jedem Fall. Für den Fall der Fälle sollten die Eltern aber bereit sein, die Ratten alleine zu versorgen. Den Kindern Unterstützung anzubieten, ist für alle Seiten sinnvoller als zu drohen, dass die Ratten weg gegeben werden. Die Kinder lernen so eher Verantwortung. Die Tiere wegzugeben, wenn es Probleme gibt, wäre den Ratten gegenüber vollkommen verantwortungslos und macht verantwortungslose Kinder und Jugendliche schon gar nicht zu verantwortungsvollen Erwachsenen. Sind die Kinder überfordert, müssen sie in jedem Fall von den Erwachsenen unterstützt werden. Ratten können ein Alter von ca. 6-7 Jahren erreichen. Die meisten Farbratten werden aber leider bestenfalls halb so alt. Ein geliebtes Wesen nach so kurzer Zeit schon wieder zu verlieren, ist sehr traurig. Eine Farbratte vom Züchter oder aus dem Zooladen kostet etwa 10-20 €, manchmal werden sie auch etwas günstiger angeboten. Im Tierheim muss man ebenfalls eine Schutzgebühr für die Rättchen entrichten. Damit soll ein Teil der Kosten, die das Tier bis zur Abgabe verursacht hat (z.B. Futter, Tierarzt) beglichen werden. Außerdem möchte man so herausfinden, ob sich der Interessent der Verantwortung (wozu auch Kosten zählen) bewusst ist. Natürlich muss man auch das Zubehör für die Ratten (Käfig, Näpfe usw) bezahlen. Das kann ganz schön ins Geld gehen. Wer geschickt ist, kann einen Käfig selbst bauen, man kann auf Fertigware zurückgreifen, sich aber auch eine Rattenvoliere anfertigen lassen (kann relativ teuer werden). Manchmal findet man kostengünstiger aber auch einen guten gebrauchten Käfig. Es muss nur alles „rattensicher" sein. Ratten können auch krank werden. Häufige Erkrankungen sind Atemwegsprobleme und Tumore. Auch derartige Tierarztbesuche können ganz schön teuer werden. Sollte eine Kastration nötig sein, kann man mit ca. 50-60 € pro Ratte rechnen. Das Rattenheim muss regelmäßig gereinigt werden, die Ratten brauchen täglich Wasser und Futter. Es darf im Rattenzimmer keinesfalls stinken, aber Ratten haben schon einen gewissen Eigengeruch, der manche Menschen stört. Die einen Ratten riechen mehr, die anderen weniger. Ratten markieren mit Urin, mit winzigen Harntröpfchen, auch der Mensch kann markiert werden, weshalb viele Rattenhalter eine bestimmte Kleidung immer nur bei den Ratten tragen und danach wieder ablegen. Wird diese Kleidung gewaschen, können die Ratten wieder mit verstärktem Markieren reagieren. Ratten werden normalerweise nicht stubenrein und können Teppiche, Kleidung und Möbel verschmutzen und auch annagen. Kann sich der Rattenhalter damit arrangieren? Wer versorgt die Ratten, wenn der Halter in den Urlaub oder zur Kur fährt oder anderweitig einmal nicht zu Hause ist? Da gäbe es die Möglichkeit Tierpension, Betreuung der Ratten durch eine vertraute Person zu Hause oder man sucht gute Freunde, die die Ratten mögen, sich mit ihnen auskennen und sie für die Zeit der Abwesenheit bei sich zu Hause betreuen. Manchmal findet man auch beim Tierarzt oder im Zoofachgeschäft Aushänge von Tierfreunden, die eine Urlaubsbetreuung übernehmen würden. Auch in Internetforen kann man solche Menschen finden. Man kann andere Rattenhalter über ihre Erfahrungen mit solchen Pflegestellen ausfragen und sollte sich natürlich vorher genau ansehen, wo die Ratten für eine gewisse Zeit unterkommen. Man sollte sich täglich mindestens eine Stunde oder mehr mit seinen Ratten beschäftigen, sie streicheln, auf den Arm nehmen, mit ihnen sprechen und ihnen Leckerbissen aus der Hand anbieten. Überlässt man die Ratten zuviel sich selbst, werden sie schnell scheu und bissig. Ratten können Kleidung, Gegenstände usw annagen und beschmutzen. Alles, was gefährlich für die Ratten werden könnte (z.B. Stromkabel, Giftpflanzen usw) darf sich nicht in Reichweite der Ratten befinden. Ratten können auch schon mal laut sein, sich etwa wilde Verfolgungsjagden durch die Voliere liefern, das kann nächtlichen Schlaf schon mal stören.... Beutegreifer hält man von den Ratten fern, wie Katzen und Hunde. Sie könnten die Ratten bedrängen, verletzen oder töten. Ratten wiederum könnten kleineren Vögeln, Mäusen oder auch Zierfischen im Aquarium gefährlich werden (Ratten können ausgezeichnet schwimmen und tauchen!). Deshalb alle Tiere sicher verwahren. Allerdings kann es für die Ratten böse enden, wenn sie den Wasserbehälter nicht mehr eigenständig verlassen können (z.B. wegen zu glatter Seitenwände, irgendwann schwinden die Kräfte). Übrigens können auch (nahezu) haarlose Ratten Allergien auslösen. Dass Ratten nur selten gesund alt werden, muss man ebenfalls bedenken. Das kann eine hohe psychische Belastung für die menschliche Familie darstellen.

Zoofachhandel

Eigentlich bin ich generell für den Kauf beim seriösen Züchter. Bei Hunde- und Katzenvermehrern (ich meine keine seriösen Züchter!) kann man immer nur raten, bei diesen nicht zu kaufen, ggfs. (wenn die Vermehrer einem Zuchtverein angeschlossen sind) den Zuchtverein zu benachrichtigen, der dann versucht, die Missstände zu beseitigen und den Vermehrer aus dem Verein entweder ausschließt oder ihm ein Ultimatum setzt, wann die Missstände beseitigt sein müssen. Auch bei Ratten und anderen Tieren bin ich dafür, dass sie beim seriösen Züchter gekauft werden. Allerdings muss ich an dieser Stelle auch sagen, dass die meisten Farbratten und -mäuse in unserem Land als Futtertiere oder für die Forschung „gezüchtet" werden. D.h., sie werden sowieso produziert, egal ob sich Tierfreunde über die schlimmen Missstände aufregen und den Kauf torpedieren oder nicht. Und da kann man durchaus hin und wieder so ein kleines, bemitleidenswertes Geschöpf retten. Man kurbelt damit nicht – anders als bei Hunde- und Katzenvermehrern (wie gesagt, ich meine hiermit KEINE seriösen Züchter!) – die Vermehrung an, denn die Ratten und Mäuse werden in jedem Fall „produziert". Man hat dann wenigstens bei paar kleinen Geschöpfchen ein schlimmes Schicksal erspart. Deshalb braucht niemand ein schlechtes Gewissen haben, wenn er Ratten aus dem Zoofachhandel aufnimmt.

Ratten in Zoofachgeschäften stammen meist von Vermehrern, die von Genetik und Zucht keine Ahnung haben. Das heißt jedoch nicht in jedem Fall, dass die Ratten in den Zooläden schlecht betreut werden. Es gibt durchaus Händler mit viel Fachwissen, denen ihre Tiere am Herzen liegen. Aber es gibt auch das Gegenteil. Oft werden die Ratten nicht früh genug nach Geschlechtern getrennt, und es kann passieren, dass man eine oder mehrere trächtige Rättinnen mit nach Hause nimmt. Ist eine Rättin von ihrem Vater oder von einem ihrer Brüder tragend, handelt es sich um Inzest, was bei den Nachkommen oft zu erhöhter Krankheitsanfälligkeit, Erbfehlern, Missbildungen usw führt (muss nicht so sein, aber kann). Und Ratten sind an sich heutzutage ja leider schon nicht die gesündeste Spezies… Oft werden die Rättinnen zu früh belegt, was ebenfalls zu Komplikationen führen kann. Da die meisten Ratten als Tierfutter „gezüchtet" werden, tragen sie oft versteckte Krankheiten. Schlangen, Katzen usw ist es egal, ob ihr Beutetier Erbkrankheiten in sich trägt. Das heißt, dass solche Ratten oft früh sterben. Eigentlich erreichen gesunde Ratten ein Alter zwischen 6 und 7 Jahren. Leider bringen es die meisten Farbratten heute bestenfalls auf 3-4 Jahre, teilweise werden sie nicht einmal halb so alt. Die ohnehin kurze Lebenserwartung sollte nicht durch ziellose Vermehrung weiter herunter gesetzt werden. Ich verstehe durchaus, dass es nicht immer leicht ist, die richtige Entscheidung zu treffen. Auch die Ratten im Zooladen haben das Recht auf ein schönes Zuhause. Und da die meisten Ratten sowieso als Tierfutter vermehrt werden, kurbelt man mit dem Kauf von Ratten aus dem Zooladen nicht die Vermehrung an. Die Ratten wären in jedem Fall produziert worden. Die meisten Ratten werden nun mal leider als Futtertiere „gezüchtet" oder in der Forschung verbraucht. Da kann man durchaus hin und wieder so ein bemitleidenswertes Tierchen bei sich aufnehmen. Auch solche Ratten haben das Recht auf ein liebevolles, artgerechtes Zuhause. Und es sind auch nicht alle Zoogeschäfte schlecht. Die Ratten sollten nach Geschlechtern getrennt sein, die Gehege sollten freundlich, sauber und hell (mit Unterschlüpfen für die Ratten) sein. Es liegen keine kranken oder toten Ratten im Gehege herum. Hört sich geschmacklos an, aber so etwas kommt tatsächlich vor. Die Ratten sehen offensichtlich gesund und munter aus. Sie haben Unterschlüpfe, Nagemöglichkeiten, sauberes Wasser und rattengerechtes Futter. Der Verkäufer drückt einem die Tiere nicht kommentarlos in die Hand, sondern es interessiert ihn, wo seine Schützlinge landen. Die Ratten sollten nach Geschlechtern getrennt sein. Die Ratten zeigen keine offensichtlichen Krankheiten, Verletzungen oder Anomalien.

Züchter

Eine andere Möglichkeit, Ratten zu erwerben, sind Züchter bzw Rattenzuchtvereine. Um an Adressen von seriösen Züchtern zu kommen, sollte man eine Zuchtverein kontaktieren. Züchter sind nicht schuld an den wahllos vermehrten Ratten, die in Tierheimen und privaten Pflegestellen einsitzen und auf ein neues Zuhause warten. Schuld sind Vermehrer und Menschen, die sich vor dem Rattenkauf keine Gedanken gemacht haben und die Ratten dann überfordert ins Tierheim bringen oder im allerschlimmsten Fall sogar ermorden oder aussetzen. Züchter sind eine gute Adresse, wenn man Ratten kaufen möchte. Doch Vorsicht: nicht jeder, der sich Züchter nennt, ist auch einer. Schlangenhalter verkaufen oft überschüssige Rättchen, aber deshalb sind sie noch lange keine seriösen Züchter. Züchter brauchen ein gewisses finanzielles Polster, genug Zeit und Platz, eine große Portion Tierliebe und viel Wissen in puncto Rattenhaltung, -zucht und -genetik sowie -anatomie. An Züchteradressen kann man durch die Zuchtvereine kommen. Dort sollte man sich (nach vorheriger Terminabsprache mit dem Züchter) die Zuchtstätte genau ansehen, alle Örtlichkeiten, in denen die Ratten gehalten werden und die Ratten selbst. Auch das Verhältnis des Züchters zu seinen Tieren ist wichtig. Kommen sie bereitwillig zum Züchter und lassen sich streicheln und auf den Arm nehmen? Oder sind sie scheu und bissig? Letzteres kann für Erkrankungen oder Vernachlässigung sprechen. Man sollte sich alles genau ansehen und den Züchter nach seinen Tieren und seinem Rattenwissen ausfragen. Auch der Züchter sollte viele Fragen stellen, denn die Ratten sollen ja in ein artgerechtes, liebevolles Zuhause. Es ist schwer zu sagen, wie viele Würfe ein Züchter im Jahr machen sollte. 10-12 Würfe im Jahr sind schon eine Hausnummer. Zumindest sollte der komplette Wurf vermittelt sein, bevor die nächste Rättin belegt wird. Man sollte sich die Zuchtanlage genau ansehen, auch alle Ratten und viele Fragen zur Haltung und zur Zucht stellen. Stellt der Züchter seinerseits viele Fragen, ist das ein gutes Zeichen. Es interessiert ihn dann, wo seine Rättchen landen. Manche Züchter kümmern sich auch um Ratten, die in Not geraten sind. Einige nehmen (ungewollt) tragende Rättinnen auf und ziehen die Würfe liebevoll auf. Vermehrer sollte man zumindest nicht direkt unterstützen, egal wie Leid einem die Ratten tun oder wie niedlich die Rattenwelpen aussehen. Erbkrankheiten sieht man nicht immer sofort. Werden Ratten ohne genetisches und sonstiges Fachwissen verpaart, führt das oft zu schlimmen Schäden bei der Nachzucht. Bei Zooladenratten kann ich den Kauf noch irgendwie verstehen, wie oben aufgeführt, aber auch hier sollte man auf ein sauberes Gehege und möglichst artgerechte Haltung der Ratten achten. Bei ganz schlimmen

Fällen sollte man den Amtstierarzt oder das nächste Tierheim benachrichtigen.

Tierheim und Nothilfeorganisationen

In den Tierheimen und Nothilfeorganisationen (sowie privaten Vermittlungsstellen) werden in Not geratene Ratten betreut, bis sie in ein dauerhaftes, liebevolles Zuhause umziehen können. Nothilfeorganisationen kümmern sich ebenfalls um die Vermittlung. Das können ganz junge Ratten sein, aber auch alte und kranke oder Rättinnen mit Welpen sowie trächtige Rättinnen. Ratten aus schlechter Haltung, Ratten deren Halter gestorben sind oder die sich aus anderen Gründen nicht mehr um die Ratten kümmern können. Die Nothilfeorganisationen/ Tierheime vermitteln Notfallratten an geeignete Plätze und beraten auch Interessenten und Käufer. Es ist eine Schutzgebühr für die Ratten zu entrichten, die einen Teil der Kosten, die die Ratten bis zur Abgabe verursacht haben, abdecken soll. Natürlich wird nach der Vermittlung der Ratten die tatsächliche Haltung überprüft. Auch hier gelten die Grundsätze, die beim Thema Zoofachhandel und Züchter angesprochen wurden. Es wird auch ein Schutzvertrag aufgesetzt. Darin wird etwa vermerkt, dass die Ratten nicht an Dritte weitergegeben werden und dass das Tierheim/ Nothilfeorganisation sie im Notfall zurücknehmen würde. In der Regel wird auch vermerkt, dass die Ratten nicht zur Zucht eingesetzt werden dürfen. Böcke werden in der Regel kastriert abgegeben. Es wird auch vermerkt, dass Ratten nicht einzeln gehalten werden dürfen. Natürlich wird nach einiger Zeit die tatsächliche Haltung der Ratten überprüft.

Private Vermittlungsstellen

Über das Internet findet man oft private Pflege- bzw Vermittlungsstellen. Diese betreuen Ratten privat, bis sie in ein neues, geeignetes Zuhause umziehen können. Manchmal wird ein Halter krank oder verstirbt. Vielleicht ändern sich die Lebensumstände, sodass man den Ratten nicht mehr gerecht werden kann. Manchmal entwickeln Halter eine schlimme Tierhaarallergie (obwohl das auch eine beliebte Ausrede bei der Abgabe nicht mehr gewollter Ratten ist). Oder es wurde unwissentlich eine bereits trächtige Rättin gekauft und die vielen Rättchen müssen nun vermittelt werden. Egal, warum Privatleute Ratten anbieten: es gilt dasselbe, was zum Thema Züchter, Tierheim und Nothilfeorganisationen sowie Zoofachgeschäft gesagt wurde. Über Rattenvereine und Tierheime kann man an Adressen von privaten Vermittlungsstellen kommen, ggfs auch über Internetforen. Übrigens: nicht jede Ratte vom Züchter ist immer gesund, und auch nicht jede Ratte aus dem Zoofachhandel muss grundsätzlich krank sein. Aber durch den Kauf beim seriösen Züchter kann man das Risiko immerhin um einiges senken. Auch für Ratten aus Privatvermittlung ist es üblich, einen kleinen Obolus zu bezahlen. Schließlich wurden die Ratten dort eine Zeitlang liebevoll betreut, was Zeit, Geld und manchmal auch Nerven kostet. Es ist eine gute Sache, Ratten aus zweiter (oder dritter…) Hand ein neues, liebevolles Zuhause zu geben. Die Ratten werden es mit grenzenloser Liebe danken – auch wenn man sich das Vertrauen vielleicht erst erarbeiten muss. Ist es nicht schön, einer verschüchterten Ratte dabei zuzusehen, wie sie im Rudel wieder richtig aufblüht?

Eingewöhnung

Sind die Ratten ausgesucht, müssen sie natürlich nach Hause transportiert werden. Am besten geschieht das in einer abgedunkelten Transportbox, die man im Fachhandel bekommt. Sie sollten darin gegen Zugluft und allzu deutliche Temperatur-schwankungen geschützt sein. Im Zoofachhandel sind kleine „Kunststoffterrarien" erhältlich, die auch „Faunaboxen" genannt werden. Sie sind belüftet und gegen Nageversuche unempfindlich. Der Nachteil ist, dass die Boxen transparent sind. Sie sollten deshalb beispielsweise in eine größere Tasche gestellt werden, z.B. in eine Reisetasche. Den Ratten werden unfreundliche Reaktionen anderer Menschen und zuviel Tageslicht erspart. Und der Rattenhalter muss sich keine unfreundlichen Kommentare von Menschen anhören, die die Rattenliebe nicht teilen. Eine kleine Versteckmöglichkeit (z.B. ein Pappkarton) sollte in der Box nicht fehlen. Etwas Streu oder eine alte Decke gehören ebenfalls hinein. Ein Stück Salatgurke oder Melone versorgen die Ratten mit Wasser und Futter. Man kann eine befreundete Ratte mitnehmen, falls die Ratte zum Tierarzt transportiert werden muss. Zwei fremde Ratten sollte man jedoch nicht zusammen in die Transportbox setzen, da das in dem beengten Raum zu schlimmen Beißereien führen kann.

Bevor die „Riesenmäuschen" einziehen, muss alles vorbereitet sein. Durch verschiedene Quellen (Bücher, Internet, andere Rattenhalter, Züchter usw) hat sich der neue Halter eingehend mit dem Thema „Farbrattenhaltung" auseinander gesetzt. Dann muss die Ausstattung gekauft werden (siehe Kapitel „Unterbringung und Zubehör"). Nun ist alles vorbereitet, der Käfig ist bezugsfertig mit allem Drum & Dran. Daran, dass die Ratten Kosten verursachen, muss man natürlich vor dem Kauf denken. Zum regelmäßigen Unterhalt kommen Ausstattung (unterschiedlich, aber hier muss man mit mindestens 150,00 – 200,00 € rechnen – kann je nach Ausstattung auch deutlich teurer werden!). Das Futter ist nicht allzu teuer (gesunde, geeignete Körnermischung, Obst, Gemüse, hier und da mal ein Stückchen Käse, neue Knabberzweige usw). Man kann hier pro Monat bei zwei Ratten rund 15,00-30,00 € veranschlagen. Aber diese Kosten können natürlich schwanken. Dazu kommt noch die Einstreu. Mit 15 € pro 20 kg Buchenholzgranulat sollte man etwa rechnen. Das ist nicht zuviel. Wieviel Streu man benötigt, hängt von verschiedenen Umständen ab. Man muss ja nicht täglich die komplette Einstreu wechseln, sondern kann auch täglich verschmutzte Streu heraussammeln und der Kompelttaustausch findet nur 1-2 mal monatlich statt. Verschiedene Streusorten riechen aber sehr unangenehm, wenn man sie nicht oft genug wechselt. Also Vorsicht! Tierarztkosten sind vorher kaum zu kalkulieren und können sehr teuer werden. Kastrationen (soweit notwendig) können schonmal mit 50,00-60,00 € pro Tier zu Buche schlagen. Auch hier können die Kosten deutlich schwanken. Ratten können Gegenstände verschmutzen oder annagen, dann ist auch hier für die Erneuerung mit Kosten zu rechnen.

Neue Knabberzweige (ungiftig und ungespritzt, nicht von stark gedüngten oder mit Pestiziden behandelten Wiesen; Obst- und Nussbaumzweige sind z.B. geeignet) kann man draußen von Bäumen schneiden, nicht in der Nähe von stark befahrenen Straßen, ggfs Eigentümer des Landes um Erlaubnis bitten. Gräser, Wildfrüchte, Zapfen usw kann man ebenfalls draußen sammeln. Natürlich ungiftig und ungespritzt, ggfs eine pflanzenkundige Person mitnehmen. Wenn man die Ratten vom Züchter, Geschäft oder Tierheim abholt, gehören sie in eine Transportbox, um sicher und geschützt nach Hause zu gelangen. Eine Versorgung mit Wasser und Futter ist nur auf einem längeren Heimweg nötig; man sollte den Ratten aber ein großes Stück grüne Salatgurke in die Box legen, damit sie mit Wasser und Futter versorgt sind. Aber wahrscheinlich sind sie aufgrund der Aufregung sowieso nicht groß am Fressen interessiert. Durch die ungewohnten Umwelteinflüsse werden die Ratten zunächst etwas verschüchtert sein. Zuhause nimmt man die Ratten vorsichtig aus der Transportbox und setzt sie in den Käfig (wenn der Transportkäfig durch die Volierentür passt, kann man ihn auch öffnen und so in die Voliere stellen, dass die Ratten alleine herausklettern können). Dann lässt man die Ratten erstmal einige Stunden in Ruhe, sie haben durch den Umzug genug zu verkraften. Man kann sich aber vor den Käfig setzen, die Ratten beobachten und ab und zu leise mit ihnen sprechen. Es ist unbedingt an Unterschlüpfe wie z.B. Korkröhren oder Schlafhäuschen für die Ratten zu denken, in die sie sich zurückziehen können! In den ersten Tagen können die Ratten durchaus etwas zurückhaltend sein. Vielleicht pressen sie sich in ihre Schlafhäuschen oder auf den Boden. Man sollte sich ruhig mit ihnen beschäftigen, darf sie aber nicht bedrängen. In den ersten Tagen sollten sie im Käfig bleiben, wo sie sich sicher fühlen sollten. Von dort aus können sie auch die unmittelbare Umgebung betrachten, nach allem schnüffeln und horchen. Wenn die Ratten nicht mehr blitzartig ihren Unterschlupf aufsuchen, sobald man in die Voliere greift (für Reinigungsarbeiten, Futter- und Wasserwechsel), kann man damit beginnen, sie vorsichtig zu streicheln und ihnen Leckerbissen aus der Hand anbieten (Vorsicht: gierige Ratten können herzhaft in Hände und Finger zwicken!). Ratten sind neugierig und werden schnell zutraulich, wenn man sich viel mit ihnen beschäftigt. Bald werden sie über die Hände auf den Arm und die Schulter ihres Pflegers klettern. Man sollte leise und ruhig mit ihnen reden, dabei Leckerbissen aus der Hand anbieten und den Namen der Ratte nennen. Freier Auslauf im Zimmer ist erst dann anzuraten, wenn die Ratten zahm sind und sich an ihren Pfleger gewöhnt haben. Ratten verstecken sich gerne in Spalten und Ritzen, und da sind sie manchmal schlecht hervorzubekommen. Man kann versuchen, alle Ecken entsprechend abzusichern. Das ist aber mitunter schwierig zu realisieren. Eine andere Alternative wäre, den Ratten einen gesicherten Auslauf ins Zimmer zu stellen, also etwa ein spezielles Gehege, das man bei Bedarf wieder wegräumen kann. Da dieses Gehege alleine meist zu langweilig für die Ratten ist, sollte man es entsprechend aufpeppen. Hinein gehören ein Wassernapf mit frischem Wasser, einige Unterschlupfmöglichkeiten für die Ratten (z.B. Holzhäuschen, Korkröhren), frische Zweige zum Nagen, Labyrinthe aus Röhren u.a. Natürlich muss man auch hier alles gründlich sauber halten. Außerdem sollte man Futterbröckchen im Gehege verstecken. Die Ratten kommen aufgrund ihres schnellen Stoffwechsels nicht lange ohne Nahrung aus, außerdem hilft das

Futter, die Ratten zu beschäftigen. Man kann z.B. eine Handvoll Körnerfutter (Frischfutter ist eher ungeeignet, da die Gefahr besteht, dass es irgendwo „übersehen" oder gebunkert wird und dann verdirbt) im Gehege verteilen bzw verstecken. Die Ratten müssen dann auch ihren Geruchssinn einsetzen, um das Futter zu finden. Damit es für die Ratten nicht zu langweilig wird, kann man im Gehege ab und zu „umräumen" (nicht bei gehandicapten Ratten!). Um den Boden zu schützen, kann man eine Plastikplane unter und im Gehege auslegen, darüber kommt z.B. ein alter Teppich oder eine Bastmatte o.ä. Natürlich muss man das Gehege regelmäßig reinigen und einige Gegenstände (auch die „Auslegeware") sind regelmäßig zu erneuern. Weitere Anregungen zur Beschäftigung gebe ich später noch. Viele Rattenhalter geben ihren Tieren freien Auslauf in der Wohnung. Das Problem ist, dass die Ratten sich gerne in Spalten und Unterschlüpfe quetschen, wo man sie dann suchen kann. Wenn man Pech hat, kommt die Ratte nicht mehr aus ihrem Unterschlupf heraus, weil sie sich festgeklemmt hat. Es besteht auch die Gefahr, dass sich die Ratte an für sie ungeeigneten Dingen „vergreift". Beispielsweise kann sie an Elektrokabeln nagen, was nicht nur ärgerlich für den Halter ist, sondern auch für einen tödlichen elektrischen Schlag bei der Ratte sorgen kann! Oder die Ratte frisst an für sie ungeeigneten Lebens- und Genussmitteln herum, was ebenfalls für den Halter ärgerlich und für die Ratte gefährlich werden kann. Auch Dinge, die dem Rattenhalter wichtig sind, wie z.B. Bücher, Dokumente usw, gehören nicht in Reichweite der Ratten. Beim Auslauf sind Fenster und Türen zu schließen, andere Heimtiere haben keinen Zutritt beim Freilauf der Ratten. Auch durch gekippte Fenster können Ratten entwischen. Ratten können ins Aquarium oder in die Toilette fallen und ertrinken. Zwar können Ratten gut schwimmen und tauchen, aber wenn sie aus eigener Kraft ein Wassergefäß nicht mehr verlassen können, besteht die Gefahr, dass sie ertrinken. Ratten verstecken sich gerne unter Sofakissen, Bettdecken und sie klettern auch in das Sofa hinein, wenn sie irgendwo ein Schlupfloch finden, also daran denken, wenn man sich auf einem Sitzmöbel niederlässt! Der Zugang zu Medikamenten, Alkohol, Tabak/ Zigaretten, Giften und heißen Gegenständen muss den Ratten verwehrt bleiben. Stromkabel gehören nicht in Reichweite der Ratten. Ein Zusammentreffen mit anderen Heimtieren sollte vermieden werden. Einige Zimmerpflanzen sind für Ratten giftig (z.B. Christusdorn, Korallenbäumchen, Zimmerkalla, Blattfahne, Weihnachtsstern). Man muss auch immer aufpassen, dass man nicht auf eine auf dem Boden herumhuschende Ratte tritt! Ratten werden meist nicht stubenrein. Man kann versuchen, ihnen eine Toilettenschale, gefüllt mit Streu und einigen Rattenkötteln, anzubieten (die Köttel, damit die Ratten begreifen, wofür die Schale da ist). Manche Ratten nehmen solche Schalen an. Man darf aber nicht enttäuscht sein, wenn die Ratten die Schale nicht oder nur unregelmäßig annehmen und ihre Häufchen und Pfützchen anderswo verteilen. Wer sich damit nicht arrangieren kann, sollte sich vielleicht eher nach anderen Heimtieren umsehen. Um Boden und Möbel zu schützen, kann man hier Plastikplanen, Tücher o.ä. auslegen. An anderer Stelle gehe ich darauf ein, wie man Ratten beim Freilauf beschäftigen kann.

Man kann reine Rättinnengruppen halten, aber auch reine Böckchengruppen. Man kann auch gemischte Gruppen, also Böckchen und Rättinnen, halten. Bei reinen Böckchengruppen kann es nötig sein, die Böckchen kastrieren zu lassen, da es sonst zu bösen Rangordnungskämpfen kommen kann. Es gibt aber auch Halter, die reine Böckchengruppen mit unkastrierten Tieren halten, die außerordentlich gut mit einander auskommen. Kommt es dauernd zu Beißereien, sollten einige oder alle Böcke kastriert werden. Der Tierarzt wird den Rattenhalter beraten. Bei gemischtgeschlechtlichen Gruppen sollten alle Böckchen kastriert werden, damit die Tiere sich nicht unkontrolliert vermehren. Die Böckchen können noch einige Woche nach der Kastration zeugungsfähig sein, man sollte also noch ca. 2-4 Wochen warten, bis man die Ratten (wieder) zusammensetzt. Bei Rättinnen werden Kastrationen nur im Ausnahmefall durchgeführt, etwa bei Gebärmuttervereiterungen o.ä. Bei der Vergesellschaftung neuer Ratten muss man einiges bedenken, damit die Tiere sich nicht bis aufs Blut bekämpfen. Setzt man eine neue Ratte einfach in das Gehege zu der/ den anderen Ratten(n), kann das in bösen Kämpfen gipfeln. Besser, man setzt beide/ alle Ratten in getrennte Käfige und stellt diese nebeneinander (bei jeder neuen Ratte genauso verfahren). Nach einigen Tagen lässt man die Tiere auf neutralem Boden zusammen. Kein Tier sollte da markiert haben. Man kann auch jede Ratte abwechselnd nacheinander streicheln, sodass man ihren Geruch an den Händen hat und auf die jeweils andere Ratte überträgt. Die erste Begegnung wird kurz gehalten, am nächsten Tag setzt man die Ratten wieder auf neutralem Boden kurz zusammen usw. Die Zeit wird immer mehr ausgedehnt. Die Ratten werden sich beschnüffeln, etwa am Kopf und der Analregion. Diese Begegnungen hält man kurz, damit es nicht doch noch zu Auseinandersetzungen kommt. Beißt eine Ratte die andere, sollte man sie sofort trennen (am besten mit Lederhandschuhen, da Ratten ganz ordentlich zubeißen können). Dreht sich eine Ratte auf den Rücken und fiept, ist die Auseinandersetzung normalerweise beendet, da die überlegene Ratte diese Form von Unterwerfung anerkennt. Mit der Zeit dehnt man die Zeit des „Zusammenseins" der Ratten im Freilauf aus. Erst, wenn die Ratten sich über mehrere Wochen im Auslauf für je einige Stunden am Tag gut vertragen, sollte man sie im Käfig zusammensetzen. Der Käfig wird zuvor gründlich gereinigt, damit keine Ratte ihn zuvor als Revier kenntlich machen kann. Manchmal gehen solche Vergesellschaftungen innerhalb weniger Tage positiv von statten, aber es kann auch mehrere Wochen oder gar Monate dauern. Man darf nichts überstürzen und muss den Ratten Zeit geben. Es gibt auch Fälle, wo sich Ratten überhaupt nicht „riechen" können und die Zusammenführungen scheitern. Ggfs kann man auch einen Experten, z.B. einen erfahrenen Rattenhalter, Tierheimmitarbeiter oder seriösen Züchter, um Rat fragen. Es sind immer mindestens zwei Ratten zu halten, drei, vier oder noch mehr wären sogar besser. In größeren Gruppen kommt es weniger zu Spannungen, und Einzelhaltung ist für das Rudeltier Ratte schiere Quälerei.

Natürlich braucht man für größere Gruppen mehr Platz, einen größeren Käfig (oder auch mehrere ...), mehr Ratten machen mehr Schmutz, verbrauchen mehr Streu und Futter, obwohl sich das auch bei kleineren Gruppen noch in Grenzen hält. Bevor man die Ratten zusammensetzt, ist ein Gesundheitscheck für jede einzelne Ratte, zumindest für jeden Neuzugang, beim Tierarzt anzuraten, damit keine Krankheiten und Parasiten eingeschleppt werden, die den gesamten „Rattenstamm" gefährden können.

Das richtige Zuhause für die Ratten

In dem Raum, in dem die Ratten leben, sollten eine konstante Temperatur von ca. 18-23 °C sowie eine Raumfeuchtigkeit von 50-60 % herrschen. Trockene Heizungsluft, Tabakqualm, direkte Sonneneinstrahlung und Zugluft schaden den Tieren. Gerade rotäugige Ratten vertragen zuviel Licht bzw Sonneneinstrahlung schlecht, aber auch dunkeläugige Ratten müssen sich jederzeit ins Dunkel zurück ziehen können. Der Raum sollte ruhig und behaglich für die Ratten sein. Der Rattenkäfig sollte so groß wie möglich gewählt werden, schließlich halten sich die Ratten die meiste Zeit ihres Lebens in diesem Käfig auf. Von der Haltung von Farbratten in Außenställen und -gehegen ist dringendst abzuraten. Neben der erwähnten Lichtüberempfindlichkeit, die eine Außenhaltung schon ausschließt, brauchen Ratten den ständigen Kontakt zu ihren Menschen, andernfalls werden sie schnell scheu und bissig. Im Fachhandel gibt es verschiedene Fertigkäfige und -volieren zu kaufen. Man kann aber mit dem nötigen handwerklichen Geschick selbst eine Voliere bauen. Einige Anbieter fertigen auch individuelle Käfige nach Kundenwünschen an. Von Aquarien und Terrarien ist abzuraten, da die Luftzirkulation hier zu schlecht ist. Große Fronttüren erleichtern das Reinigen. Die Tiefe des Käfigs darf 50 cm nicht unterschreiten, die

Breite darf nicht kleiner als 80 cm sein, und die Höhe sollte nicht unter 100 cm liegen. Alles andere ist deutlich zu klein; größer ist immer besser! Mehr als 3 Ratten würde ich in einem solchen Käfig allerdings nicht unterbringen. Der Gitterabstand sollte nicht mehr als 1,3 cm betragen, da schmale Ratten oder Welpen es sonst unter Umständen schaffen könnten, sich dort hindurch zu quetschen. Und dann heißt es „Ratten suchen"! Da die Ratten den gesamten Raum des Käfigs nutzen sollten, ist es sinnvoll, den Käfig in zwei oder mehr Etagen zu unterteilen. Einige Käfige haben solche Etagen schon eingebaut. Durch Leitern ermöglicht man den Ratten den Hin- und Rückweg zwischen den einzelnen Etagen. Zwei Etagenbretter sollten über die ganze Breite des Käfigs gehen, damit die Ratten den ganzen Raum nutzen und dort hin und her flitzen können. Durch kleine „Rampen" können die Ratten diese Bretter erklimmen. Natürlich muss man in der jeweils oberen Etage immer einen kleinen Durchschlupf lassen, damit die Ratten die Etagen betreten bzw verlassen können. Die Zwischenetagen müssen eventuell hin und wieder ersetzt werden, da die Ratten sie zernagen oder sie mit der Zeit von Harn durchtränkt sind. Einige Anbieter fertigen auch Volieren mit Knabberschutzleisten und Fliesenböden an – sehr praktisch! Holz muss vor Rattenurin geschützt werden. Beispielsweise mit Kacheln. Oder man legt Holzdielen ein, die regelmäßig gewechselt werden. Auch ungiftiger Lack (Sabberlack) ist geeignet, muss aber regelmäßig erneuert werden. Zeitung, Kunststoffplanen o.ä. würde ich nicht empfehlen. Rattenurin geht auch durch Zeitung, es sei denn, man verwendet dicke Lagen. Bei der Druckerschwärze ist es nicht auszuschließen, dass die Ratten sich vergiften, obwohl die heutige Druckerschwärze nicht mehr so schadstoffbelastet ist wie früher. Dennoch würde ich es nicht unbedingt empfehlen. Nagen die Ratten Kunststoffplanen an, können sie sich ebenfalls vergiften. Zwischenetagen erleichtern das Klettern (mit Laufdielen, Leitern o.ä. versehen bzw verbinden), und sie verkürzen den Fall, sollte einmal eine Ratte abstürzen. Man kann auch Siebdruckplatten in den Boden einlegen und auch als Zwischenetagen verwenden. Sie sind teurer als Holz, werden aber nicht so leicht zernagt und halten dem Rattenurin stand. Normalerweise sind sie wasserfest. Der Abstand zwischen den einzelnen Etagen sollte 30 cm oder mehr betragen. Wenn die Ratten sich zur vollen Größe aufrichten, dürfen sie oben nicht mit dem Kopf anschlagen! Bei sehr jungen Ratten kann man die Gitter zusätzlich mit Kaninchendraht versehen, damit sie nicht ausbüchsen können. Kanten am Holz sollte man mit Knabberschutzleisten versehen, also Aluleisten, die man im Baumarkt bekommt, damit die Ratten sie nicht zernagen. Auch Spanplatten lassen sich verwenden. Sie müssen mit einem speziellen, ungiftigen Lack („Sabberlack") behandelt werden, der hin und wieder aufgefrischt wird. Am besten eignen sich Käfige mit Kacheln/ Fliesen, sofern das machbar ist. Einige Anbieter stellen solche Käfige auf Kundenwunsch her – wer das notwendige Geschick aufweist, kann auch selbst eine entsprechende Voliere anfertigen.

Man sollte Ratten wie schon erwähnt nicht draußen halten. Winterkälte, Sommerhitze, schwankende Temperaturen, direkte Sonneneinstrahlung, das vertragen unsere domestizierten Farbratten nicht gut und sie können daran sogar sterben. Ratten gehören ins Haus. Außerdem können sie bei permanenter Außenhaltung bzw auch mangelnder Zuneigung schnell scheu und bissig werden. Rattenaugen sind lichtempfindlich. Sind sie dauerhaft mehr als 60 lux ausgesetzt, kann das zu Schäden an der Netzhaut führen. Die Ratten können auch erblinden. Ratten mit schlecht oder nicht pigmentierten Augen sind noch empfindlicher. Der Käfig darf nicht in der prallen Sonne stehen, die Ratten könnten neben Augenschäden auch Schäden durch Überhitzung erleiden. Ratten sind eher nacht- und dämmerungsaktiv. Deshalb sollten sie nicht unbedingt im Schlafzimmer untergebracht werden. Die aktiven Ratten könnten durch Spielen und Herumflitzen nächtlichen Schlaf schon mal stören. Die Ratten brauchen Platz zum Spielen und Toben. Deshalb sollte man den Käfig nicht mit allem möglichen überfrachten. Ratten wollen mit ihren Rudelgenossen kuscheln, aber hin und wieder brauchen sie auch ihre Ruhe. Deshalb brauchen alle Ratten einen ungestörten Rückzugsort. Ratten lieben Hängematten, die man im Zoofachhandel kaufen kann. Wer das Geschick hat, findet im Internet Anleitungen zum Selbstmachen. Solche Matten bestehen aus weichem Stoff und sie besitzen an jeder Ecke eine Schlaufe und Karabinerhaken, sodass man sie am Käfigdach (von innen) befestigen kann. Die meisten Ratten lieben solche Ruheplätze. Man sollte die Hängematten regelmäßig waschen und austauschen, wenn die Ratten sie zu sehr zernagt haben. Sputniks, so eine Art kugelförmige Häuschen, sind bei Ratten ebenfalls beliebt. Man kann sie an die Decke hängen, auf den Volierenboden oder auf eine Etage stellen (ggfs. befestigen). Holzhäuser sind beliebt, sollten aber mehrmals mit ungiftigem Lack gestrichen worden sein, damit Urin nicht einzieht. Mit der Zeit müssen sie wahrscheinlich ausgetauscht werden, da die Ratten daran nagen werden. Man kann im Zoofachhandel Korkröhren kaufen. Dabei auf einen ausreichend große Durchmesser achten (mindestens 12 cm), damit auch die größte und dickste Ratte nicht stecken bleiben kann. Die Ratten können sich darin verstecken, aber die Korkröhren auch zernagen, ohne dabei Schaden zu nehmen. Sind die Korkröhren zu sehr mit Urin durchtränkt und lassen sich mit heißem Wasser nicht mehr säubern, stinken sie, müssen sie erneuert werden. Aber wahrscheinlich haben die Ratten sie schon vorher zerlegt. Man kann auch Küchenpapier hineinlegen, das regelmäßig gewechselt wird. Von Kunststoffröhren ist eher abzuraten. Die Ratten können sich vergiften, wenn sie daran nagen. Weidenbrücken kann man als Verbindungen zwischen einzelnen Halbetagen verwenden. Im Zoofachhandel, auch im Internet, kann man solches Zubehör bekommen. Man kann auf den Etagen alte Handtücher, Fleecedecken oder ähnliches auslegen. Man kann sie mit einen kleinen Handstaubsauger oder einen Handfeger säubern und bei Bedarf in die Waschmaschine stecken. Die Ratten können bequem darauf liegen; außerdem verhindern sie schnelles Ausrutschen. Man kann auch Papier verwenden. Dieses muss natürlich ebenfalls regelmäßig ausgetauscht werden. Geschreddertes Papier oder Safebed kann man als Nistmaterial anbieten.

Holzspäne würde ich nicht empfehlen. Sie stauben meistens stark, was den ohnehin oft atemwegsempfindlichen Ratten nicht guttut. Außerdem befinden sich hier oft schädliche Rückstände wie z.B. Pflanzenschutzmittel, Düngemittel o.ä. Unterschlüpfe aus Ton/ Keramik sind bei Ratten ebenfalls beliebt. Die Öffnung muss so groß sein, dass auch die größte und dickste Ratte nicht steckenbleiben kann. Besser sind zwei Aus-/ Eingänge, damit nicht eine Ratte alles blockiert und damit die Ratten bei Auseinandersetzungen schnell aus dem Häuschen flüchten können. Auch Holzhäuschen kann man verwenden, diese müssen eventuell hin und wieder ausgetauscht werden, denn die Ratten werden sie mit viel Liebe und Ausdauer annagen. Im Sommer darf es im Rattenheim nicht zu heiß werden. Man kann kalte Fliesen in den Käfig legen. Ein feuchtes, kaltes Handtuch von einer Seite über den Käfig gelegt, sorgt für Verdunstungskälte. D.h., durch die verdunstende Nässe sinkt die Temperatur im Käfig. Wenn die Ratten es mögen, kann man ihnen auch eine kleine Bademöglichkeit anbieten, so beispielsweise eine große, flache Schale mit Wasser. Ratten können ausgezeichnet schwimmen und tauchen. Man muss natürlich aufpassen, dass die nassen Ratten keinen Zug bekommen und sich erkälten. Außerdem muss man ggfs. feucht gewordene Einstreu erneuern. Die Schale sollte man nach einigen Stunden wieder aus dem Käfig nehmen, da das Wasser schnell verschmutzt. Es kann auch sein, dass die Ratten die Schale mit Streu zubuddeln. Trinkflaschen oder Wassernäpfe müssen ständig mit frischem Wasser gefüllt und für alle Ratten erreichbar sein. Wassernäpfe auf dem Boden haben den Nachteil, dass sie schnell mit Streu zugeschaufelt werden. Nippeltränken dagegen gehen schnell kaputt oder fangen an zu „lecken". Außerdem lassen sie sich nicht gut reinigen (ist aber möglich mit einer Flaschenbürste. Mit einem Wattestäbchen kann man auch den „Auslauf" samt Metallkugel reinigen). Sowohl Näpfe als auch Röhrentränken müssen stets peinlich sauber gehalten werden. Körnerfutter dagegen bietet man am besten in einem stand- und knabberfesten Napf aus Keramik oder Porzellan an. Frischfutter kann man ebenfalls in Stücken im Napf anbieten. Ratten „verschleppen" gerne ihre Nahrung. Deshalb ist die Voliere täglich nach Nahrungsresten abzusuchen. Andernfalls könnten diese Ungeziefer anlocken und die Riesenmäuschen krank machen. Laufräder gehören nicht ins Rattenheim, die Ratten könnten sich schwerwiegende Verletzungen an der Wirbelsäule zuziehen (die Rattenwirbelsäule krümmt sich nach außen, im Laufrad krümmt sich die Wirbelsäule nach innen!). Die Firma Rodipet™ bietet Läufräder mit einem ausreichend großen Durchmesser (für Ratten mindestens 40 cm!) an, der für Ratten ungefährlich ist. Außerdem sind diese Laufräder von hinten und an den Laufflächen komplett geschlossen. So kann sich keine Wirbelsäule verbiegen und kein Pfötchen einklemmen. Empfehlen würde ich Laufräder für Ratten trotzdem nicht. Hamsterwolle kann zu Verletzungen an den Pfötchen führen. Gitteretagen können dazu führen, dass die Pfötchen durchrutschen und verletzt werden. Stroh kann in die Augen pieksen und ist schlecht für die Atemwege. Heunester haben im Inneren ein Drahtgeflecht, was für die Ratten gefährlich werden kann. Außerdem kann man damit Ungeziefer einschleppen. In Futterbällen aus Metall können Rattenpfötchen hängenbleiben. Das kann zu schwerwiegenden Verletzungen führen. Buchenholzgranulat ist gut geeignet als Einstreu. Es staubt kaum, ist nicht unangenehm für die Pfötchen und es ist saugstark. Hanf-, Dinkel-, Leinen- und Maisstreu kann man ebenfalls verwenden. Nicht geeignet ist Katzenstreu. Fressen die Ratten die Streu, können sie an einem Darmverschluss sterben. Küchenpapier o.ä. saugt den Urin nicht genügend auf. Man kann es aber in die Kunststoffröhren legen und regelmäßig wechseln, damit die Ratten nicht dauernd in ihrem Urin liegen. Auch Naturcellulosestreu kann verwendet werden. Fressen die Ratten davon allerdings zuviel, kann das zu gesundheitlichen Problemen führen.

Vergesellschaftung

Farbratten dürfen niemals einzeln gehalten werden. Sie sind Rudeltiere und würden sehr darunter leiden. Es sind mindestens 2 Ratten zu halten. Besser wäre es allerdings, mindestens 3-4 Ratten zu halten, bei entsprechenden Haltungsmöglichkeiten können es auch ein paar mehr sein. Auch in Rudelhaltung werden Ratten zahm, wenn man sich ausreichend mit ihnen beschäftigt. Und es gibt auch scheue und aggressive Einzelratten! Ratten sind sehr revierbezogen. Würde man einfach eine fremde Ratte zu einem bestehenden Rudel oder einer schon vorhandenen Einzelratte setzen, würden die alteingesessenen Ratten wahrscheinlich mit Aggression reagieren. Wenn das ganze Rudel den neuen „Eindringling" attackiert, kann das für diesen böse Folgen haben. Wie sollte man nun bei der Vergesellschaftung vorgehen? Und welche Geschlechterverteilung ist möglich? Generell kann man reine Rättinnengruppen halten. Das funktioniert in der Regel. Man kann auch gemischtgeschlechtliche Rattengruppen oder reine Böckchengruppen halten. In beiden Fällen sollten alle Böcke kastriert werden. Nicht kastrierte Böcke sorgen in gemischtgeschlechtlichen Gruppen dauernd für Nachwuchs, was man vermeiden sollte. Wer züchten möchte, sollte sich entsprechend informieren und einem Rattenzuchtverein beitreten. Andernfalls sollte man das Vermehren tunlichst vermeiden! Nicht kastrierte Böcke können sich weiterhin bei Rangordnungskämpfen schlimme und blutige Beißereien liefern, was man ebenfalls tunlichst vermeiden sollte! Über die Kastration wird ein auf Kleintiere spezialisierter Tierarzt den Rattenhalter entsprechend beraten. Bei Rättinnen werden Kastrationen seltener vorgenommen, weil es bei diesen ein Eingriff in der Bauchhöhle ist, was bei der Rättin mit mehr Risiko und Aufwand verbunden ist. Bei einer Gebärmuttervereiterung aber sollte beispielsweise auch eine Rättin kastriert werden. Böckchen können noch einige Wochen nach der Kastration zeugungsfähig sein, weshalb man einige Zeit abwarten sollte, bis man die kastrierten Böckchen wieder mit den Rättinnen zusammen setzt. Dauernde

Strapazen einer Trächtigkeit sollte man auch den Rättinnen nicht zumuten. Neben der psychischen und physischen Belastung für die Rättinnen muss man dann auch dauernd neue Plätze für die Rattenwelpen suchen. Und unsere Tierheime platzen jetzt schon aus allen Nähten! Wenn möglich sollte man nicht dauernd neue Vergesellschaften bei den Ratten vornehmen, sondern möglichst auf eine feste, soziale Rudelstruktur achten, da dauerndes Einbringen von neuen Ratten auch viel Stress für die Tiere bedeutet. Es ist anzuraten, eine neue Ratte erstmal dem Tierarzt vorzustellen und ca. 2-4 Wochen von den anderen Ratten getrennt zu halten, bevor man sie vorsichtig in das Rudel integriert, um eine Einschleppung von Parasiten und Krankheiten zu vermeiden. Erst, wenn alle Ratten gesund sind, fängt man vorsichtig mit dem gegenseitigen Kennenlernen an. Wie viele Ratten sollte man nun halten? Wie gesagt, 2 müssen es mindestens sein, 3-4 wären besser. Man kann auch größere Rudel halten. Allgemein wird aber dazu geraten, nicht mehr als 10-12 Ratten gemeinsam zu halten. Sind es mehr, entsteht wieder mehr Stress. Jungratten sollten mindestens 10-12 Wochen alt sein, bevor man sie vorsichtig in das Rudel integriert. Jüngere Ratten könnten angegriffen und getötet werden. Kleine Grüppchen lassen sich leichter in einander integrieren als Einzelratten in ein Rudel, da eine Einzelratte leichter als Feind ausgemacht wird, der bekämpft werden kann. Werden mehrere Ratten gleichzeitig integriert, verteilen sich die Aggressionen auch auf mehrere Ratten, so dass das einzelne Tier nicht alleine gegen die andere Gruppe steht und auch einmal seine Ruhe hat. Während der Quarantänezeit sollten die einzelnen Käfige möglichst weit auseinander stehen, da die Ratten ein feines Gehör und einen guten Geruchssinn haben, was wiederum zu Spannungen führen kann, wenn der „Feind" in der Ferne ausgemacht wird. Um die einzelnen Ratten oder Rattengruppen an den Geruch der jeweils anderen zu gewöhnen, kann man beispielsweise Haare und benutzte Streu der Ratten jeweils untereinander in je dem fremden Käfig auslegen und darauf ein paar beliebte Leckereien, z.B. Sonnenblumenkerne, Obststückchen oder Nüsse, verteilen. Die Ratten gewöhnen sich so langsam an den Geruch der anderen Ratten und verbinden ihn mit etwas Positiven, nämlich den Leckereien. Zeigen die Ratten hierbei keine Aggressionen gegen die fremde Streu, wie z.B. Borsteln, kann man einen Schritt weiter gehen. Man setzt alle Ratten zusammen in einen Raum, der sonst nicht zu ihrer Verfügung steht und den sie folglich auch noch nicht markiert haben. Schlupfwinkel und für den Halter unerreichbare Stellen sollten unzugänglich gemacht werden. Hat man einen geeigneten Raum gefunden, z.B. ein Badezimmer (rutschigen Boden mit Handtüchern o.ä. abdecken), bewaffnet man sich mit Decken, Lederhandschuhen o.ä., um im Falle einer Beißerei beherzt eingreifen zu können und um sich vor Bissen schützen zu können. Jetzt bringt man beide Gruppen bzw. alle Ratten zusammen und beobachtet sie gut. Die Ratten werden sich beschnüffeln, unterwerfen, borsteln, vielleicht zwicken und quieken, was noch normal ist. Auch kleinere Verfolgungsjagden sind noch normal. So bildet sich eine Rangordnung heraus. Wird jedoch ein Tier von der ganzen Gruppe gejagt und dauernd gebissen, sollte man eingreifen. Ebenso, wenn sich zwei Ratten gegenseitig schlimme Verletzungen zufügen oder eine stärkere Ratte eine schwächere dauerhaft traktiert, sollte man die Tiere erst einmal trennen und es später noch einmal versuchen. Kommt es ca. eine Woche lang nicht mehr zu Aggressionen und Borsteln untereinander, kann man versuchen, die Ratten langsam an einen gemeinsamen Käfig zu gewöhnen. Sollte es dennoch zu schlimmen Problemen kommen, ist immer eine Ersatzvoliere parat zu stellen, damit man die rivalisierenden Ratten im Notfall trennen kann. In dem Käfig, in dem die Ratten nun zusammenleben sollten, sollte kein Tier markiert haben. D.h., die Voliere ist gründlichst zu reinigen und zu geruchsneutralisieren, oder man verwendet gleich eine ganz neue Voliere (kann teuer werden, aber wenn man Ratten möglichst artgerecht halten möchte, muss man diese Möglichkeit in Betracht ziehen). Wenn man die Voliere mit Essigwasser geruchsneutralisiert, funktioniert es aber auch in den meisten Fällen, da dann keine alten Markierungen mehr für die Ratten erkennbar sein sollten. Die Einrichtungsgegenstände sollten umgestellt oder gegen neue ausgetauscht werden. „Lieblingsplätze" der alt eingesessenen Ratten sollte man entfernen, da es auch hier wieder zu schlimmen Beißereien kommen kann, sollten die neuen Ratten diese Plätze für sich beanspruchen wollen. Es muss ausreichend Futter und Wasser für alle Ratten bereit stehen. Wenn man die Ratten nun zusammen in die Voliere setzt, sollte man derbe Lederhandschuhe o.ä. griffbereit haben, falls man in eine Beißerei eingreifen muss. Über die nächsten Stunden sollte man die Ratten gut beobachten. Bleibt es friedlich, hat man gute Chancen, dass die Zusammenführung erfolgreich war. Bleibt auch die folgende Nacht ohne Beißereien und die Ratten haben sich als Pärchen oder Grüppchen zum Schlafen eingefunden, dürfte die Zusammenführung erfolgreich gewesen sein. Kommt es zu Problemen, sollte man die Ratten wieder vorübergehend trennen und sie erneut langsam zusammenführen. Manchmal funktioniert das Zusammenleben schon nach ein paar Tagen oder Wochen harmonisch, manchmal dauert es auch ein paar Monate. Nur nicht den Mut verlieren! In den meisten Fällen funktioniert es irgendwann, und man hat ein harmonisches Rudel. Man kann auch andere erfahrene Halter oder Züchter um Rat fragen.

Hausputz im Rattenheim

Es ist wichtig, dass die Ratten stets einen sauberen Käfig haben. Ist der Käfig dauernd dreckig, breiten sich schnell Krankheiten wie Atemwegsprobleme, entzündete Pfötchen, Hautkrankheiten, Parasiten usw aus. Ganz abgesehen davon, dass ein schmutziger Käfig schnell unangenehm riecht. Die Ratten bekommen täglich frisches Futter. Dabei werden alle Futternäpfe gründlich gespült, abgetrocknet und neu befüllt wieder in die Voliere gestellt. Wassernäpfe und Nippeltränken werden ebenfalls täglich gereinigt. Wassernäpfe haben den Nachteil, dass sie schnell mit Streu zugeschaufelt werden. Nippeltränken sind schwer zu reinigen und nicht sehr langlebig. Man sollte das Metallröhrchen regelmäßig mit einem Wattestäbchen reinigen. Ansonsten wird die Trinkflasche täglich heiß gespült und erst nach der vollständigen Trocknung wieder in die Voliere gegeben. Fängt die Nippeltränke an zu „lecken" und wird sie unansehnlich, ist sie auszutauschen. Ständig nasse Streu unter der Nippeltränke deutet auf ein Auslaufen hin. Die Flasche wird mit heißem Wasser ausgespült, nach dem Trocknen neu mit kaltem Wasser befüllt. Ggfs. eine Flaschenbürste zu Hilfe nehmen. Da Ratten gerne Futter bunkern, ist der Käfig täglich nach Resten abzusuchen und diese ggfs zu entfernen. Frischfutter sollte nicht länger als 24 Stunden im Käfig liegen. Alle 1-3 Tage entfernt man feuchte Streu und ersetzt sie durch neue, etwa 1 mal wöchentlich ist die Streu komplett zu wechseln und der Käfig (-boden) ggfs nass zu säubern. Auch feuchtes und verschmutztes Nistmaterial wird entfernt, haben die Ratten eine Sandschale, ist auch der Sand 1-2 x wöchentlich zu wechseln. Riecht es zwischendurch unangenehm, einfach mal die Käfigecken, die besonders mit Harn durchtränkt sind, reinigen. Den Käfig 5-10 cm hoch mit Streu einstreuen. Der Ammoniakgeruch ist unangenehm für Mensch und Ratte, außerdem kann ein nicht ausreichend gereinigter Käfig die Atemwege der Ratte arg in Mitleidenschaft ziehen. Die Ratten können bei der Käfigreinigung in den Freilauf entlassen, in ihr Gehege gesetzt oder in eine Transportbox verbracht werden, damit man den Käfig in Ruhe reinigen kann. Alte Streu, altes Futter und altes Nistmaterial wird mit einer Handschaufel o.ä. entfernt. Stößt man auf Frischfutterreste, die älter als 1 Tag sind, sind auch diese zu entfernen. Wasserabwaschbares Material, wie z.B. Plastikbodenwannen, Fliesen, Keramik-, Glas-, Metall- oder Porzellannäpfe werden heiß abgespült und gründlich getrocknet; ggfs ein mildes Spülmittel verwenden und gut ausspülen, damit die Ratten sich nicht vergiften (man kann auch Essig verwenden). Häuschen, Spielzeug usw sind ebenfalls zu reinigen; Desinfektionen sind normalerweise nur nötig, wenn eine Ratte krank war oder Parasiten hatte (Tierarzt fragen). Das gesamte Käfiggitter muss nur gelegentlich gereinigt werden, oder wenn eine Ratte krank war oder Parasiten hatte. Um die Reinigung zu erleichtern, kann man Küchenrolle unter die Einstreu legen – die allerdings von vielen Ratten auch gerne geschreddert wird! Zernagte Zweige werden regelmäßig ersetzt. Sind Hängematten schmutzig oder zerschlissen, werden sie gewaschen oder ausgetauscht. Häuschen und andere Gegenstände werden gereinigt und wenn nötig ersetzt. Sie sollten aber immer am selben Platz stehen. Rings um das Rattenheim ist gegebenenfalls Staub zu saugen.

Die richtige Rattenernährung

Farb- und Wanderratten ernähren sich überwiegend von pflanzlicher Kost, Getreide, Gemüse, Obst. Zu einem kleinen Teil steht aber auch tierische Kost auf dem Speiseplan. Ratten sind Feinschmecker, und was die eine Ratte liebt, muss die andere noch lange nicht anrühren. In gutem Rattenfutter sind Kohlenhydrate, Fett, Vitamine, Mineralien, Spurenelemente, Ballaststoffe und kleine Mengen Eiweiß im richtigen Verhältnis enthalten. Einige Rattenhalter geben ihren Tieren hin und wieder ein paar Mehlwürmer, die man im Zoofachhandel kaufen kann. Ein paar Würfelchen milden Käse oder ein gekochtes Ei mit Schale kann man ebenfalls hin und wieder geben. Gesundes Futter erhält auch die Gesundheit der Ratten. Ratten haben einen sehr schnellen Stoffwechsel, weshalb sie ihr Futter über den ganzen Tag in kleinen Mengen verteilt aufnehmen. Ratten dürfen nicht hungern! Sie können nicht erbrechen und in ihren Wachphasen nehmen sie kleine Mengen Futter auf, danach folgt wieder ein Schläfchen! Eine Ratte sollte am Tag etwa 2 Esslöffel (30 g) Körnerfutter bekommen. Körnerfutter muss immer in ausreichender Menge in einem sauberen Napf (am besten aus Keramik, Porzellan, Glas oder Metall) angeboten werden. Der Napf wird täglich gereinigt. Im Zoofachhandel gibt es Rattenfertigfutter, Obst und Gemüse werden täglich frisch ergänzt. Ratten halten beim Fressen ihr Futter in den Vorderpfötchen. Das Futter wird mit den Backenzähnen gekaut, genagt wird mit den Schneidezähnen. Beim Fressen ist die Rangordnung der Rattengruppe gut zu erkennen, und die Ratten versuchen gegenseitig Leckerbissen voneinander abzustauben. Ranghohe Ratten haben bei der Auswahl der begehrten Leckerchen die Nase vorn. Bei unseren Farbratten müssen wir Menschen dafür sorgen, dass alle Ratten ihren Anteil bekommen. Da Rattenzähne ständig nachwachsen, brauchen Ratten Nagematerial. Ungespritzte Zweige von Obst- und Nussbäumen, aber auch Weide eignen sich hervorragend zum Nagen und damit zur Zahnpflege. Ab und zu können auch mal ein paar Nüsse gegeben werden, aber nicht zu oft. In der Natur müssen die Ratten ihr Futter erarbeiten. Um den Farbratten ein wenig Abwechslung und Beschäftigung zu bieten, kann man sich auch beim Futter einiges einfallen lassen. Neben Knabberzweigen gibt es noch andere Möglichkeiten. Man kann Leckerbissen so aufhängen, dass die Ratten ein wenig klettern müssen, um sie zu erreichen. Oder man kann Leckerbissen verstecken (siehe auch Kapitel zur Beschäftigung). Als tägliche Ergänzung zum Körnerfutter muss auch Frischfutter wie Kräuter, Obst und Gemüse auf dem Speiseplan der Ratten stehen. Möglich sind Äpfel, Möhren, Gurken, Birnen, Weintrauben, Mangos, Melonen und noch andere Gemüse- und Obstsorten. Auch Tomaten, getrocknete oder frische Maiskolben mögen viele Ratten gern. Obst und Gemüse wird vor dem Verfüttern gewaschen und abgetrocknet angeboten. Man sollte Obst und Gemüse würfeln oder in Scheiben schneiden. Man gibt am besten zwei bis drei Stücke Frischfutter mehr in die Voliere, als Ratten dort leben, um Futterneid und Zänkereien zu vermeiden. Täglich sollte man den Käfig auf gebunkerte Frischfutterreste kontrollieren und diese ggfs entfernen. Ratten tragen Futterreste gerne in ihre Verstecke, und wenn Frischfutterreste vorhanden sind, diese entfernen, damit sie nicht verderben, was nicht nur schlecht riecht und Ungeziefer anlockt, sondern auch gefährlich für die Ratten werden kann. Kräuter und Pflanzen kann man im eigenen Garten ziehen, andernfalls auch von naturbelassenen

Wiesen sammeln. Wiesen, auf denen Rattenfutter gesammelt wird, sollten nicht mit Pflanzenschutzmitteln, Düngern o.ä. behandelt sein. Sie sollten auch nur wenig von Hundebesitzern frequentiert werden, da die Ratten sich sonst vergiften könnten. Die Pflanzen müssen vor dem Verfüttern heiß abgewaschen und den Ratten leicht abgetrocknet angeboten werden. Man kann Grünfutter für Ratten auch selbst im Garten oder im Blumentopf ziehen. Geeignet sind u.a. Beifuß, Blaue Luzerne, Brennessel, Gänseblümchen, Hirtentäschelkraut, Huflattich, Kamille, Löwenzahn, Pfefferminze, Rotklee, Salbei, Weißklee, Wiesenschafgarbe. Da Ratten auch kleine Mengen tierischen Eiweißes benötigen, kann man ab und zu ein kleines Stückchen milden Käse oder ein gekochtes Hühnerei mit Schale anbieten. Es gibt auch einige wenige Katzentrockenfutter auf Fleischbasis (die meisten bestehen aus Getreide). Hier kann man ab und zu ein paar kleine Bröckchen geben, das Futter sollte aber kein Taurin beinhalten, das für Katzen lebenswichtig, für Ratten schädlich ist. Ein gutes Katzentrockenfutter zu finden, das Ratten vertagen, ist nahezu unmöglich. Da normales Billigtrockenfutter für Katzen aber fast nur aus Getreide besteht, kann dieses hin und wieder gegeben werden. Hasel- und Walnüsse fressen Ratten gern. Man kann sie mit intakter Schale geben, dann haben die Ratten etwas zu tun. Bekommt die Ratte die Schale nicht auf, sollte man ihr helfen. Wie beschrieben, dürfen Ratten öfter mal Zweige von Obst- und Nussbäumen bekommen. Es dürfen noch Blüten daran sein, das ist nicht schädlich. Für die Ratten ist das Zerlegen des Zweigs ein Genuss. Sie sind beschäftigt und pflegen ihre Zähne. Auch im Zoofachhandel werden Nagehölzer angeboten. Als Leckerchen sind neben kleinen Stückchen milden Käse auch gekochte oder ungekochte Nudeln, Reis, Mais aus der Dose oder frische bzw auch getrocknete Maiskolben geeignet. Hin und wieder kann man sie füttern. Beim Freilauf der Ratten muss man genau darauf achten, was so herumliegt. Alkohol, Schokolade, Süßigkeiten, Kuchen, Kekse, Eiscreme, Chips, stark gewürzte Speisen, solche Speisen mit zuviel Salz u.a. sind für Ratten ungesund bis schädlich. Zucker führt zu Zahnschäden,

Scharfes zu Verdauungsbeschwerden und Übelkeit. Wer seine Ratten liebt, verwöhnt sie nur mit rattentauglichen Leckerchen. Unter „Ratten richtig beschäftigen" sind einige Ideen beschrieben, wie man Rattenfutter in die Beschäftigung mit den Tieren einfließen lassen kann (z.B. Futtergirlanden, Leckerchen suchen…).

Ratten sind Leckermäuler, die gerne Obst, Gemüse und Nüsse fressen.

Frisches Trinkwasser muss immer bereit stehen. Achtung: Wassernäpfe können schnell mit Streu zugeschaufelt werden und das Wasser verschmutzen.

Am besten gibt man immer ein Stück Obst bzw Gemüse mehr in die Voliere als man Ratten hält, um Zänkereien zu vermeiden.

Ratten richtig beschäftigen

Ratten sind intelligente Entdecker. Achtung: können sie ein Gefäß aus eigener Kraft nicht mehr verlassen, kann das böse Folgen haben.

Ratten lieben *Knabberzweige*, die sie nach Herzenslust benagen und zerlegen können. Das beschäftigt und ist gut für die ständig nachwachsenden Zähnchen. Zweige sollten nur von naturbelassenen, nicht gespritzten Bäumen bzw Wiesen geschnitten werden. Wenn man keine Bäume im Garten hat, kann man sich auch anderweitig umsehen (den Eigentümer des betreffenden Grundstücks ggfs um Erlaubnis bitten). Ratten lieben es, die Zweige zu zerlegen. Knospen und Blüten können mit verfüttert werden. Geeignet sind z.B. Haselnussstrauch, Heidelbeerbusch, Johannisbeerbusch, Apfelbaum, Birnbaum. Weniger geeignet sind u.a. Zweige von harzenden Bäumen und solchen, die ätherische Öle freisetzen. Man kann Zweige in der Natur schneiden, aber auch teilweise im Zoofachhandel erwerben. Im Internet gibt es ebenfalls Anbieter, die Zweige und Knabberhölzer verschicken. Man sollte Zweige und Äste abschneiden, -knipsen oder -sägen. Reißen und Brechen kann dem Baum schaden! Äste und Zweige, die man in der Natur geschnitten hat, sollte man heiß unter fließendem Wasser abspülen (ohne Reinigungsmittel) und nach dem Trocknen in die Voliere geben. Einige Halter frieren die Zweige ein paar Tage ein, um sie nach dem Auftauen in die Voliere zu geben. Hier werden eventuelle Parasiten usw abgetötet. Man kann die Zweige auch im Backofen ein, zwei Stunden bei 100 °C erhitzen, um Ungeziefer abzutöten. Die Zweige werden dabei allerdings „trocken", was den Spaß der Ratten beim Zernagen natürlich bremst. Geeignetes Spielzeug sind auch Weidenbällchen, die man im Zoofachhandel kaufen kann und die die Ratten zerlegen können. Eine Möglichkeit, Ratten zu beschäftigen, sind Futtergirlanden. Hierzu fädelt man beliebte Futterstücke, z.B. Obst- und Gemüsestückchen, ungekochte Nudeln o.ä., auf einem Strick auf. Diesen hält man den Ratten so vor die Nase, dass sie sich die Futterbröckchen davon „abpflücken" müssen. Das fördert die Mensch-Ratte-Beziehung. Man hält den Ratten die Girlande vor die Nase, auch so, dass sie sich hier und da etwas strecken und anstrengen müssen, um an die beliebten Futterbrocken zu kommen. Man kann Ratten auch Nüsse zum Knacken geben, sie sind dann eine Weile damit beschäftigt, die Nuss aufzubekommen. Walnüsse und Mandeln sind z.B. geeignet. Ggfs. bei der täglichen Futtermenge berücksichtigen. Außerdem sollte man wie schon erwähnt regelmäßig den Käfig auf Futterreste kontrollieren, da Ratten gerne Futter „bunkern". Dieses gebunkerte Futter kann schlecht werden, was nicht nur zu schlechtem Geruch und Ungezieferbefall führen kann, die Ratten können auch davon krank werden. Futter kann man auch so im Käfig verstecken, so dass Ratten ihren Geruchssinn einsetzen müssen, um es zu finden. Man kann z.B. kleine Futterstücke (z.B. Nüsse, Obst- und Gemüsestücke) im Käfig verteilen, unter der Streu, in den Ecken, im Häuschen, in einer Pappschachtel, die die Ratten öffnen oder zernagen müssen, um an den Inhalt zu kommen … Der Phantasie sind kaum Grenzen gesetzt. Durch Futtersuchen sind die Ratten einige Zeit sinnvoll beschäftigt und benutzen sowohl ihren Verstand als auch ihren Geruchssinn. Das macht müde! Leckerchen wie Obst-, Gemüse- oder Käsestückchen kann man auch an einem Futterspieß befestigen. Im Zoofachhandel gibt es z.B. Frucht- und Gemüsehalter aus Metall, die man ins Gitter hängen und auf denen man Frischfutterstückchen aufspießen kann. Man kann diesen Spieß so im Käfig befestigen, dass die Ratten sich ein wenig strecken oder klettern müssen, um an die Leckerbissen zu gelangen. Man kann aber auch Frischfutter auf einem sauberen Zweig aufspießen. Bekommt eine Ratte die Nuss nicht auf, sollte man ihr etwas helfen. Ratten lieben Unterschlüpfe. Sie brauchen *Röhren zum Verstecken*. Geeignet sind Weidentunnel und Korkröhren, die man im Zoofachhandel kaufen kann, aber man kann auch Kunststoffrohre nehmen (letztere können allerdings beim Annagen den Ratten schaden). Holzhäuschen als Unterschlupf sind ebenfalls geeignet, genauso umgedrehte Blumentöpfe aus Ton mit einem entsprechenden Eingang. Oder der Topf wird so hineingelegt, dass die Ratte einfach in die Öffnung schlüpfen kann. Der Durchmesser der Ein- und Ausgänge muss so groß sein, dass auch die größte und dickste Ratte nicht steckenbleiben kann. Alle Gegenstände, mit denen die Ratten in Berührung kommen, müssen regelmäßig gereinigt, d.h. heiß abgespült und nach dem Trocknen wieder in die Voliere gegeben werden, ggfs muss man sie gelegentlich austauschen, wenn sie stinken oder unansehnlich geworden sind. In Kunststoffröhren kann man auch Küchenpapier legen (regelmäßig wechseln), damit die Ratten nicht dauernd in ihrem eigenen Urin liegen. Korkröhren können bedenkenlos zernagt werden. Weinreben sind ebenfalls beliebt. Man kann sie im Zoofachhandel kaufen. Die Ratten können darauf herumturnen, teilweise darunter kriechen und die Reben natürlich auch bedenkenlos benagen. Natürlich sollten sich keine Metallklammern, lange Fäden, an denen die Ratten sich verletzen, strangulieren oder Gliedmaßen abschnüren könnten, giftige Bestandteile wie Klebstoffe o.ä. an den Gegenständen befinden. Heutunnel, die man im Zoofachhandel kaufen kann, sind ebenfalls bei Ratten beliebt. Die Ratten können sich darin versecken, die Tunnel aber auch gefahrlos in ihre Bestandteile zerlegen bzw auffressen. Ratten *buddeln* gerne. Man kann ihnen eine flache Schale (Blumentopfuntersetzer), Schüssel oder ähnliches anbieten, alles standfest und mit Sand (z.B. Chinchillasand, Vogelsand oder Spielzeugsand aus dem Baumarkt) gefüllt. Im Sand kann man Leckerbissen verstecken. Kästen mit Walderde aus dem Zoofachhandel, aber auch Buchenholzgranulat oder Waldboden aus dem Zoofachhandel eignen sich für Buddelkisten. Natürlich muss die Streu der Schale hin und wieder ausgetauscht werden. Auch Töpfe mit Katzen- oder Gartengras eignen sich als „Buddelspielzeug" oder zur Grünfutterergänzung. Ratten sind hoch intelligent, und intelligente Tiere brauchen Beschäftigung. Verschiede „Spiele" eignen sich hervorragend. Ratten können auch verschiedene Tricks lernen. Hält man ihnen z.B. ein Leckerchen hoch über den Kopf, so dass sie sich aufrichten müssen, kann man das Signal „Männchen" geben, sobald die Ratte sich zu voller Größe aufgerichtet hat. Im selben Moment gibt es das Leckerli und jede Menge Lob. Hat die Ratte „Männchen" verstanden, kann man auch „Dreh dich" trainieren. Man hält der Ratte ein Leckerli vor das Schnäuzchen und führt es um sie herum. Dreht sie sich nach dem Leckerli um, folgt sofort das Signal „Dreh dich". Dabei hält man das Leckerli so, dass die Ratte sich wirklich drehen muss, wenn sie es haben will. Hat sich die Ratte einmal gedreht: Leckerli geben und loben! Eventuell kann man auch mit dem Clicker trainieren (dazu gibt es verschiedene Literatur, in der Regel aus dem Bereich Hundetraining, die z.T. aber auch auf Ratten anwendbar ist). Man kann die Ratte auch mittels Leckerli durch eine Röhre locken und dabei ein entsprechendes Signal geben. Ratten sind schlau und begreifen das schnell. Man sollte ihnen aber Ruhe gönnen, sobald sie offensichtlich keine Lust mehr haben und die Konzentration nachlässt.

Wenn die Ratten einziehen, muss man erst einmal *Vertrauen zu ihnen aufbauen*. Dafür beschäftigt man sich viel, unaufgeregt und liebevoll mit ihnen. Man geht so vor, wie unter

„Eingewöhnung" beschrieben. Liebevolle, unaufgeregte, artgerechte und regelmäßige Beschäftigung ist die beste Methode, um das Vertrauen der Ratten zu gewinnen. Ratten sind wahre Schmuser, wenn man sie viel mit ihnen beschäftigt und liebevoll mit ihnen umgeht. Echten Freilauf in der Wohnung sollte man ihnen erst gönnen, wenn sie sich eingelebt haben und sie zutraulich und anhänglich geworden sind. Auch hier ist zu beachten, was unter dem Punkt „Eingewöhnung" beschrieben ist. Ratten werden normalerweise nicht stubenrein. Man kann versuchen, ihnen ein mit Rattenköttel und Sand oder Streu gefülltes Toilettenkistchen anzubieten. Man darf aber nicht enttäuscht sein, wenn sie das Kistchen nicht annehmen und ihre Pfützchen und Häufchen verteilen, wo sie gehen und stehen. Um den Boden und beliebte Plätze beim Freilauf zu schützen, kann man dort Plastikplanen auslegen, darüber kommen z.B. alte Handtücher, Bastteppiche o.ä. Alles ist regelmäßig zu reinigen bzw. auszutauschen. Scharfe oder spitze Gegenstände (z.B. Messer, Nadeln, Scheren), heiße Gegenstände (z.B. Kerzen, offenes Kaminfeuer, Herd, Bügeleisen, heiße Speisen und Getränke) müssen für die Ratten unerreichbar sein. Alles, was die Ratten ruinieren könnten, oder was ihnen schaden könnte, wird weggeräumt, wie z.B. Elektrokabel. Am besten halten sich keine anderen Tiere in dem Raum auf, in dem die Ratten ihren Freilauf genießen. Giftpflanzen sind ebenfalls außer Reichweite der Ratten aufzustellen, damit die Kleinen sich nicht vergiften. **Giftig für Ratten sind z.B.** Agave, Aloe, Alpenveilchen, Amaryllis, Azalee, Bogenhanf, Christrose, Christusdorn, Chrysantheme, Clivie, Dieffenbachie, Efeu, Efeutute, Engelstrompete, Farn, Feigenbaum, Geranie, Goldregen, Hakenlilie, Hortensie, Hundspetersilie, Hyazinthe, Kalla, Krokus, Lebensbaum, Liguster, Mahonie, Maiglöckchen, Mistel, Mittagsblume, Myrte, Narzisse, Oleander, Osterglocke, Passionsblume, Primel, Rizinus, Stechapfel, Weihnachtsstern, Wolfsmilchgewächse, Zimmerkalla, Zwergmispel (ohne Anspruch auf Vollständigkeit). Wenn man sicher ist oder den Verdacht hat, dass die Ratte von diesen Pflanzen gefressen hat, sollte man sie schleunigst zum Tierarzt bringen und auch die

Pflanze oder einen Teil von ihr (z.B. eine Blüte) mitnehmen, damit der Tierarzt gleich die Behandlung einleiten kann. **Topfpflanzen** müssen eventuell vor allzu neugierigen und aufdringlichen Ratten **geschützt** werden. Ratten nagen gerne an Blättern und Blüten, und sie schaufeln mit ihren kleinen Pfötchen gerne Erde aus den Töpfen. Manche Ratten lassen sich erziehen, indem man sie immer wieder von der Pflanze wegholt und streng „Nein!" sagt. Beim Freilauf sollte man die Ratten aber beaufsichtigen und entweder die Pflanzen wegräumen (toxische Pflanzen gehören nicht Reichweite der Ratten!) oder die Töpfe mit Kaninchendraht vor allzu aufdringlichen Ratten schützen. Ratten **klettern** gerne. Neben „Etagen", die man im Käfig anbringen kann (siehe auch die Kapitel über Zubehör und Unterbringung), kann man auch Kletterseile, dicke Äste und Holzleitern mit einem Sprossenabstand von ca. 1,5 cm im Rattenheim anbringen. Von **Laufrädern** würde ich wie vorher schon ausgeführt **abraten**. Sie können die Wirbelsäule der Ratten schädigen, Pfötchen können sich einklemmen. Wenn überhaupt, sollten Laufräder für Ratten komplett aus geschlossenem Holz bestehen (nach vorne offen, nach hinten geschlossen). Solche Laufräder müssen einen Mindestdurchmesser von 40 cm haben. Die Seite mit der Halterung ist geschlossen, die Lauffläche mit den Sprossen ist ebenfalls geschlossen, damit keine Rattenpfötchen verletzt werden können. Solche Laufräder werden u.a. von der Firma Rodipet angeboten. Ist das Laufrad zu klein, kann sich die Ratte schwere Schäden an der Wirbelsäule zuziehen! Auch der Schwanz kann sich einklemmen. Im Ernstfall würde ich auf ein Laufrad für Ratten eher verzichten, als Verletzungen als Risiko in Kauf zu nehmen. Ratten **baden** gerne, und sie sind **ausgezeichnete Schwimmer**. Es gibt hier und da auch wasserscheue Ratten, die man keinesfalls zum Baden zwingen darf! Man kann Futterbröckchen, z.B. Gurkenscheiben, in eine flache, mit Wasser gefüllte Schale legen. Manch eine neugierige Ratte wagte sich ins kühle Nass, als ein besonderer Leckerbissen lockte oder eine befreundete Ratte es ihr vormachte! Man kann z.B. Gurken- und Möhrenscheiben in der Wasserschale verteilen. Die Ratte muss die

Wasserschale immer aus eigener Kraft verlassen können. Ratten sind zwar ausgezeichnete Schwimmer, aber sind die Wände des Wassergefäßes zu glatt und rutschig (wie in einer Badewanne), kann die Ratte sich nicht mehr aus eigener Kraft daraus befreien. Spätestens, wenn die Kräfte nachlassen, kann die Ratte ertrinken! Nach dem Baden muss die Ratte unbedingt vorsichtig mit einem Handtuch abgetrocknet und bis zur vollständigen Trocknung in warmer Umgebung gehalten werden. Ratten sollten nicht mit Shampoo gebadet werden (es sei denn aus medizinischer Indikation und nach Absprache mit dem Tierarzt), da sich damit ihr Geruch verändert. Der vertraute Rudelgeruch verändert sich somit (wenn auch nur vorübergehend), und das kann zu Spannungen unter den Ratten führen – wenn man Pech hat, muss man die Ratten neu in das Rudel integrieren!

Oben: neugierig beschnüffelt die Ratte die Wolle. Vorsicht: frisst die Ratte davon oder schnürt sie sich mit den langen Fäden Gliedmaßen ab, kann das arge gesundheitliche Schäden hervorrufen. Unten: Leitern werden gerne als Spielgeräte genutzt. Man kann sie auch einsetzen, um den Ratten im Käfig den Zugang zu den anderen Etagen zu ermöglichen.

Gesunde Ratte – kranke Ratte

Ihr Fell pflegen Ratten selbst durch eigenes oder gegenseitiges Putzen. Langhaarige Ratten, die es hin und wieder auch gibt, kann man ggfs. mit Bürsten und Kämmen unterstützen. Der Käfig muss regelmäßig gereinigt werden, damit sich keine krankmachenden Keime und Parasiten einnisten. Ratten putzen sich mehrmals täglich gründlich. Die Krallen kann man durch Tonröhren, umgedrehte Fliesen oder Kacheln oder Steine, die man in die Voliere legt, kurz halten. Beim Überqueren dieser Utensilien schleifen sich die Krallen von alleine ab. Manchmal hilft das Klettern auf dicken Ästen. Wachsen die Krallen dennoch zu lang, kann man sie leicht mit einer Nagelfeile abschleifen. Hat die Ratte eine korrekte Zahnstellung, schleifen die Zähne sich beim Fressen von selbst ab. Die regelmäßige Gabe von Zweigen u.ä. unterstützt dies. Wachsen die Zähne zu lang, etwa durch Zahnfehlstellungen, kann die Ratte nicht mehr richtig fressen und die Zähne können auch ins Fleisch wachsen. Der Tierarzt muss in diesem Fall die Zähne regelmäßig kürzen. Solche Ratten gehören nicht in die Zucht! Auch Farbratten können krank werden, und leider scheinen sie viel zu oft krank zu werden. Durch verschiedene Vorkehrungen kann man Erkrankungen vorbeugen. Eine gesunde Ernährung, ein sauberer, geräumiger Käfig, ein richtiger Standplatz für das Rattenheim, ausreichend Beschäftigung und Bewegung und genügend Kontakt, also das ständige Zusammenleben mit Artgenossen sind eine gute Vorbeugung. Ratten lieben es, mit ihren Menschen zu schmusen und auf ihnen herumzuklettern. Durch die Beschäftigung mit den Ratten und das regelmäßige Beobachten der Tiere fallen Krankheitssymptome normalerweise auf. Man sollte auch regelmäßig das Gewicht der Ratten überprüfen und notieren (auf einer Haushaltswaage mit Digitalanzeige; etwas Küchenpapier oder ein altes Handtuch unter die Ratte legen). Starke Gewichtsschwankungen bei ausgewachsenen Ratten sollte man beim Tierarzt abklären lassen. Bevor kranke Ratten Symptome zeigen, ist die Erkrankung wahrscheinlich schon weit fortgeschritten. Zeigt eine

Ratte die ersten Symptome, muss sie sofort zum Tierarzt. Etwas Gurke oder Melone versorgt die Ratte beim Transport mit Flüssigkeit und Futter. Hat die Ratte Durchfall, sollte man vorher beim Tierarzt telefonisch nachfragen, ob die Ratte das Frischfutter bekommen darf. Ist der Haustierarzt gerade nicht zu erreichen, muss man sich an den Notdienst wenden. In größeren Städten gibt es oft eine Tierklinik, ansonsten hat irgendein Tierarzt auch an Wochenenden oder Feiertagen Bereitschaft. Auf dem Land hat ebenfalls immer ein Tierarzt Bereitschaft, da die Tierärzte auch für die Landwirte abrufbar sein müssen. Allerdings kennen sich leider nicht alle Tierärzte mit Ratten aus. Besser ist es, einen Tierarzt für Kleintiere zu finden, der sich auch mit Ratten auskennt. Verhält sich die Ratte komisch, wird sie scheu und bissig (Schmerzen!), hält sie den Kopf schief, verweigert sie das Futter oder frisst sie weniger als sonst, trinkt sie mehr als sonst, ist der Rücken ständig merkwürdig gekrümmt, verliert sie stark an Gewicht oder ist sie unnatürlich fett geworden, ist der Harn rot gefärbt, sind die Augen glanzlos oder verklebt, hinkt sie, zieht sie ein Pfötchen nach, hat sie Wunden oder Abszesse, irgendwelche Beulen oder Knoten, auch an den Pfötchen, hört man sie ständig niesen oder hat sie rasselnden Atem oder eine sog. „Blutnase", muss sie umgehend dem Tierarzt vorgestellt werden. Auch Schorf, kahle Stellen im Fell oder Parasiten sollten vom Tierarzt behandelt werden. Kratzt sich die Ratte viel, hat sie kahle Stellen im Fell oder sich sogar blutig gekratzt, kann das ein Hinweis auf Parasiten oder Krankheiten sein, eventuell auch auf Futtermittelunverträglichkeiten. Fell- und Hautveränderungen müssen immer vom Tierarzt abgeklärt werden. Auch, wenn die Ratte Atembeschwerden hat, rasselnden Atem oder dauernd nach Luft schnappt, ist sie dem Tierarzt vorzustellen. Hat die Ratte Probleme mit den Bewegungsabläufen, treten Lähmungen auf, oder ist etwas anderes ungewöhnlich, gilt dasselbe.

Rattentypische Erkrankungen

Kranke Ratten gehören zum Tierarzt, der die richtige Behandlung einleiten wird. Es gibt auch Tierheilpraktiker und Tierphysiotherapeuten. In einigen Fällen können solche Behandlungen sinnvoll sein, auch wenn Ratten nicht die typischen Patienten bei Tierheilpraktikern oder Tierphysiotherapeuten sind. Vielleicht bietet auch der Tierarzt entsprechende Behandlungen an oder kann Kontakte vermitteln. Die folgenden Krankheiten erheben keinen Anspruch auf Vollständigkeit. Bei einigen Krankheiten kann es nötig sein, die kranke Ratte von den anderen zu trennen, damit sie sich in Ruhe erholen kann und/ oder die anderen Ratten sich nicht anstecken. Ratten sollten einem erfahrenen Tierarzt für Kleintiere vorgestellt werden, der sich mit Kleinsäugern auskennt.

Atemwegsbeschwerden: Infektion durch Viren oder Bakterien, eventuell auch durch Stress verursacht oder durch Temperaturschwankungen, zu hohe oder zu niedrige Luftfeuchtigkeit. Die Ratte niest häufig, man hört sie deutlich atmen, Nase und Augen können verkrustet sein oder Ausfluss zeigen, die Ratte verhält sich schläfrig, lustlos und zurückgezogen. Der Tierarzt wird die Ratte behandeln, bei durch Bakterien ausgelöste Erkrankung eventuell mit Antibiotika. Auslösende Faktoren wie z.B. Zugluft, nasse oder staubige Streu sollte man abstellen.

Mycoplasmose: Durch Bakterien (Mycoplasmen) verursachte Erkrankung der Atemwege; die Bakterien können schon im Mutterleib übertragen werden. Lange kann die Krankheit symptomlos verlaufen; ist die Ratte stark gestresst oder geschwächt, kann die Erkrankung ausbrechen. Bei chronischen Infektionen kann es zu Nasenausfluss, Atemwegsproblemen, Bindehautentzündung und Arthritis kommen. Außerdem kann die Ratte stark abmagern oder unter Gleichgewichtsstörungen leiden. Für Menschen sind die Krankheitserreger nicht gefährlich. Bei Ratten ist meines Wissens bisher keine Heilung möglich, aber man kann die Krankheit mit Medikamenten eindämmen.

Schiefkopf: Der Schiefkopf wird durch bakterielle Infektionen ausgelöst, betroffen sind meist Mittel- und Innenohr. Die Ratte leidet unter Gleichgewichtsstörungen, hält den Kopf ständig schief und torkelt. Der Tierarzt wird eine Behandlung mit Antibiotika einleiten.

Bumblefoot: Wird meist durch ungeeignete Klettermöglichkeiten, z.B. Gitterroste, verursacht, kann durch Übergewicht verstärkt werden. Der Fußballen ist entzündet, es kann zu schmerzhaften Wucherungen kommen. Der Tierarzt wird Salben verschreiben. Ungeeignete Gegenstände sind aus der Voliere zu entfernen.

Blutnase: Auch Roter Schnupfen oder Chromodakyrorrhae genannt. Mit Nasenbluten hat die Erkrankung jedoch eigentlich nichts zu tun. Durch Farbstoffe (Porphyrine) rot gefärbtes Sekret, das aus dem Näschen austritt, erweckt die Ratte den Eindruck, sie hätte Nasenbluten, was jedoch nicht der Fall ist. Das Sekret wird bei Stress oder anderen Erkrankungen von Drüsen der Augen gebildet. Das Sekret kann auch aus den Augen austreten. Behandlung durch den Tierarzt; Stressfaktoren beseitigen.

Parasiten: Läuse, Flöhe, Milben, Zecken, aber auch Pilze befallen die Haut und können Sekundärinfektionen auslösen. Hat die Ratte keinen Kontakt zu fremden Tieren und kommt auch nicht ins Freie, ist die Wahrscheinlichkeit, sich mit Parasiten zu infizieren, gering. Man sollte auch Knabberzweige, die man draußen schneidet, gründlich heiß mit Wasser abspülen oder einige Tage einfrieren, bevor man sie in die Voliere gibt (im Falle des Einfrierens, das ebenfalls Erreger abtötet, sollten die Zweige natürlich wieder aufgetaut und auf Zimmertemperatur gebracht werden). Bei Kontakt mit befallenen Tieren oder kontaminierter Umgebung kann sich die Ratte mit Parasiten anstecken; wenn man großes Pech hat, kann man Parasiten auch mit Heu, Stroh oder anderem Einstreumaterial eingeschleppt werden; deshalb unbedingt auf die Herkunft achten! Man kann auch Heu usw einfrieren, bevor es in die Voliere gegeben wird, dann dürften eventuelle Parasiten tot sein (vorher das Auftauen nicht vergessen!). Der Tierarzt wird ein Mittel verschreiben, das man auf den Ratten anwenden kann. Ursachen wie beispielsweise feuchte Einstreu entfernen. Käfig und Zubehör desinfizieren. Bei Ratten kann sich Parasitenbefall in stumpfem Fell, Haarausfall, juckenden Stellen/ Ekzemen oder Schorfbildung äußern. Die Ratten wirken unruhig und kratzen und scheuern sich ständig. Es ist ein ständiges Streitthema, ob man Ratten Heu anbieten soll. Aufgrund der Parasitengefahr und dem teils starken Stauben, kann es besser sein, auf Heu im Rattenheim zu verzichten. Unbedingt nötig ist es für Ratten jedenfalls nicht.

Tumoren: Tumoren treten bei Ratten leider relativ häufig auf. Es kommen bei älteren Ratten Knötchen auf der Haut vor, Abszesse, die mit Talg oder Eiter gefüllt sind. Solche Knötchen müssen vom Tierarzt entfernt werden, kommen aber häufig wieder. Bösartige Tumoren (Krebs) sind häufige Krankheiten bei Ratten. Tumoren können sehr groß werden. Bei sonst gesunden Ratten kann man sie operieren. Je früher die Ratte behandelt wird, desto besser sind die Heilungschancen. Geschwülste können durch Abszesse verursacht werden (mit Talg oder Eiter gefüllte Blasen), die durch kleine Wunden entstehen, die sich entzünden oder infizieren. Tumoren können durchaus gut behandelt werden. Ratten werden überwiegend durch Inhalationsnarkose narkotisiert, so dass Operationen möglich sind. Neben Tumoren und Abszessen sind auch Kastrationen häufige Gründe für Operationen. Nach der Operation wird die Ratte erst einmal in einer separaten Box untergebracht. Man kann unter die Ratte eine Wärmflasche, ein warmes Körner- oder Fangokissen legen, zwischen Ratte und Wärmflasche, Körner- oder Fangokissen kommen Hand- und Küchentücher. Unbedingt darauf achten, dass die Ratte sich nicht verbrennen kann! Das wäre genauso schädlich wie eine Unterkühlung und sehr schmerzhaft für die Ratte. Man kann der Ratte ein Stück Melone oder Gurke anbieten. Ratten müssen vor der OP nicht hungern, da sie nicht erbrechen können. Ratten können dazu neigen, die Wundnähte aufzubeißen. Man kann eine elastische Binde über die Ratte ziehen und mit medizinischem Klebeband fixieren. Über andere Rattenhalter, Rattenforen, vielleicht auch über das Tierheim, Zoofachgeschäfte oder Rattenzuchtvereine kann man an Adressen von Tierärzten kommen, die sich mit Ratten auskennen. Man sollte den Tierarzt über seine Erfahrungen mit Ratten ausfragen. Wenn möglich sollte sich der Tierarzt in der Nähe befinden, damit man der schwer kranken Ratte nicht noch eine lange Anfahrt zumuten muss. Wenn man Pech hat, muss man sich allerdings bei Nacht und Nebel auf den Weg ans andere Ende der Stadt machen, damit der Ratte geholfen werden kann. Kranke Ratten sollte man nur im Notfall vom Rest der Gruppe trennen, etwa bei ansteckenden Krankheiten, da man sonst das Problem hat, dass Ratten zum einen nicht gerne alleine sind, und zum anderen muss man die Ratte nach der Genesung evtl. wieder neu in die Gruppe integrieren. Bei nicht ansteckenden Krankheiten oder sonstigen Verletzungen, die eine Trennung nicht unbedingt nötig machen, kann man die Ratte auch zusammen mit einer befreundeten Ratte in einem separaten Käfig unterbringen bzw zum Tierarzt transportieren.

Naturheilkunde

Auch Ratten können von Naturheilkunde profitieren. Einige Tierärzte bieten entsprechende Behandlungen an, ansonsten sollte man einen Tierheilpraktiker aufsuchen, wenn man entsprechende Behandlungen wünscht. Durch verschiedene Verfahren wie Pflanzenheilkunde (Phytotherapie), Kräuter usw können verschiedene Krankheiten noch gelindert werden, wenn die klassische Medizin bereits versagt hat. Manchmal ist Naturheilkunde die sanftere Methode. Allerdings sind derartige Heilverfahren umstritten und nicht „grundsätzlich anerkannt". Vielen Menschen und Tieren haben solche Behandlungen allerdings schon geholfen. Bei Krebs, Atemwegsbeschwerden, Arthrose usw kann Naturheilkunde Linderung verschaffen. Sie ersetzt nicht die klassische Veterinärmedizin, kann manchmal aber zusätzliche Linderung verschaffen oder eingesetzt werden, wenn die klassische Medizin versagt hat. Die Wirkung ist allerdings nicht immer belegbar und teilweise umstritten – ganz abgesehen davon, dass sich jeder nach einem Fernstudium (obwohl das nichts Schlechtes sein muss) Tierheilpraktiker nennen kann und die große Nachfrage auch zwielichtige Gestalten auf den Plan ruft, die nur schnelles Geld machen wollen. Wer sich für solche Behandlungen interessiert, kann sich bei seinem Tierarzt erkundigen oder im Internet nach einem Therapeuten googeln. Vielleicht kann man andere Rattenhalter nach ihren Erfahrungen fragen. Dann ist es leichter, einen seriösen Therapeuten zu finden – auch auf die Gefahr hin, dass man wegen seiner Rättchen belächelt wird.

Alter & Abschied

Ratten können ein Alter von ca. 6-7 Jahren erreichen. Leider erreichen dieses Alter nur äußerst wenige Ratten. Die meisten Ratten werden zwischen 1,5 und 4 Jahren alt, wobei der Durchschnitt eher an der unteren Grenze anzusetzen ist. Bereits ab 1,5 Jahren sind Ratten also zu den Senioren zu zählen. Jedes Jahr, das eine Farbratte älter wird als 2 Jahre, ist ein Geschenk. Die Ratten werden langsamer, auch Ratten können Arthrose bekommen. Das Gehör und die Augen können schwächer werden. Das Näschen bleibt meistens bis zum Ende sehr gut. Der Forscherdrang wird nachlassen, dafür wird die Ratte vielleicht anhänglicher. Die Ratten schlafen mehr und fressen weniger. Dominante Ratten werden ihren hohen Rang an jüngere Tiere abgeben müssen. Das Fell wird grober, das Rattengesicht ausgeprägter. Alte Ratten bewegen sich behäbiger und springen nicht mehr so viel. Es können auch Lähmungen auftreten. Im Käfig muss für jede Ratte alles erreichbar sein: Schlafplätze, Futternäpfe, Wassertränken usw. Im Alter treten häufiger

Erkrankungen wie Nierenprobleme, Herz-, Haut- und Atemweg-serkrankungen auf. Nierenerkrankungen machen sich bemerk-bar durch höheren Flüssigkeitsverbrauch, Herzprobleme sind manchmal an blauen Schwanzspitzen erkennbar. Atemwegs-und Hautproblemen kann man manchmal mit vermehrten Vita-mingaben vorbeugen (ggfs. beim Züchter, Tierheilpraktiker oder Tierarzt erkundigen). Die Sehkraft kann nachlassen, die Ratten können auch erblinden. Häufig haben dieses Problem hell- und rotäugige Ratten, aber auch dunkeläugige Ratten können im Alter Sehbeschwerden haben oder erblinden. Man sollte die al-ten Ratten leise ansprechen, wenn man sich ihnen nähert. Sie sollen ja nicht erschrecken. Klettermöglichkeiten im Käfig sollte man mit „Geländern" absichern oder Stürze durch weitere Hän-gematten abmildern. Auch viel weiche Einstreu im Käfig hilft, den Sturz abzumildern (vielleicht eine weiche Decke/ Schaum-stoffmatte und darüber eine Plastik- oder PVC-Plane in den Kä-fig legen, diese mit Streu bedecken).

Alle Rattenhalter hoffen, dass ihre Ratten irgendwann einfach friedlich einschlafen. Oft muss der Rattenhalter aber mit einem Kopfnicken über Leben und Tod entscheiden. Ist eine Ratte un-heilbar krank und hat sie starke Schmerzen, sollte sie vom Tierarzt erlöst werden. Ich bin ein Feind von vorschnellem Einschläfern und finde, dass jede erfolgversprechende Behandlung sich lohnt. Aber wenn es nur noch ein Dahinsiechen ist und die Ratte unter starken Schmerzen leidet, eine Heilung oder Besserung nicht mehr möglich ist, sollte man sich aufraffen und sie vom Tier-arzt erlösen lassen. Die Ratte bekommt eine Narkose, ein Beruhi-gungsmittel und danach erst die tödliche Injektion. Meistens wird eine Überdosis Beruhigungsmittel oder Narkosemittel ge-spritzt. Einige Tierärzte bieten auch eine Inhalationsnarkose an, was für manch eine Ratte stressfreier ist. Man sollte seinen Tierarzt einfach darauf ansprechen. Man sollte seine Ratte bis zum Ende im Arm halten. Das beruhigende Streicheln, die vertraute Stimme ihres Menschen sollten das letzte sein, was die Ratte spürt und hört. Die Ratte in ihren letzten Momenten alleine zu lassen, ist grausam. Und auch für den Halter ist es wichtig zu wissen, dass er in den letzten Minuten seines Lieblings bei ihm war und nicht feige gewesen ist. Sofern die Ratte nicht an einer ansteckenden Krankheit gestorben ist, kann man sie den anderen Ratten noch einmal zeigen, so dass sie sie beschnüffeln können. Die anderen Ratten können dann Abschied nehmen und begreifen, dass ihr geliebter Rudelgenosse nicht mehr da ist. Bleibt eine Ratte aus einer Zweierhaltung übrig, sollte sie bald einen neuen Gefährten bekommen. Auch in eine bestehende Gruppe kann man eine neue Ratte integrieren. Man kann eine tote Ratte im Garten beerdigen. Besteht diese Möglichkeit nicht, gibt es noch die Option Tierfriedhof oder Einäscherung. Man sollte sich beim Tierarzt danach erkundigen. Wovon ich abraten würde: Die „Entsorgung" toten Ratte durch den Tierarzt. Die Ratte kommt in eine Tierkörperverwertungsanstalt, wird dort zermahlen und in Teilen weiter verarbeitet. Seife und Reinigungsmittel sind zwei mögliche Endprodukte aus Tierkohle. Ein solches Ende haben unsere geliebten Heimtiere nicht verdient!

Ratten knabbern gerne alles an. Vorsorglich sollte man Bücher, Kerzen und anderes außerhalb ihrer Reichweite aufbewahren. Nicht nur, dass sie geliebte Gegenstände ruinieren können, manche Gegenstände können ihrerseits die Ratten gefährden, wie z.B. offenes Kerzenlicht.

Oben: v.l.: grau-weiß, Albino, Haubenratte weiß-creme. Unten: links: Siam mit brau-
nen Abzeichen; rechts: weißes Schwarzauge.

Oben: schwarz; Mitte: Down-under grau-weiß, rechts: Siam weiß-braun. Unten: links: Husky weiß-creme; rechts: Husky weiß-grau.

Oben: weißes Schwarzauge und braune Ratte; unten links: Albino und schwarze Ratte; rechts: Cremefarbene Ratte.

Oben: links Husky, grau-weiß, rechts Husky, schwarz-weiß. Unten. Siamratte, weiß-braun.

Links: Schwarzauge, weiß-creme, aufgehellt. Rechts: Albino und Haubenratte weiß-creme.

Literatur

Bücher:

Bulla, Gisela; Die kluge Ratte. Portrait eines Außenseiters; Rowohlt, 1986, ISBN 3-8052-0424-8

Bulla, Gisela; Ratten als Heimtiere; Gräfe und Unzer, 1992, ISBN 3-7742-1258-9

Glatz, Ursula; Leitfaden zur optimalen Rattenhaltung; Club der Rattenfreunde Schweiz (Hrsg.), 2006 (zu beziehen direkt über den Club der Rattenfreunde Schweiz)

Graham, Kenneth; Der Wind in den Weiden; Knesebeck, 2012, ISBN 978-3868734232 (Kinderbuch, aber auch lesenswert für Erwachsene!)

Ketschau, A.; Ratten sind auch nur große Mäuse. Kleine Fellnasen mit großem Herz.; Books on Demand, 2020, ISBN 9783751923262

Kristen-Deliano, Irene/ Deliano, Lukas-Constantin; Burgi und der geheimnisvolle Dachspeicher (Kinderbuch mit „rattiger" Hauptperson); Creastro, 2012, ISBN 978-3939078517

Lange, Monika; Ratten – Glücklich & gesund; Gräfe und Unzer, 2005, ISBN 3-7742-5582-2

Langos, Andrea; Pfiffige Ratten; Kosmos, 1997, ISBN 3-440-07454-4

Langos, Andrea; Ratten: Halten, pflegen, beschäftigen; Kosmos, 2013, ISBN 3440135802

Lauer, Isabella; Kleintiere – Unsere liebenswerten Freunde; Neuer Honos Verlag, ISBN 3-8299-0458-4

Ludwig, Gerd; Meine Ratte; Gräfe und Unzer, 2008, ISBN 978-3-8338-1174-6

Netzer, Marina; Ratten: Kleine Wesen mit großem Herz; Independendly Published, 2019, ISBN 978-1093493979

Oechler, Sabine; Farbratten; Natur- und Tierverlag, 2008, ISBN 978-3-86659-044-1

Paul, Annette/ Sz.-Pöhls, Krisi; Ratte Prinz im Weihnachtsbaum; Books on Demand, 2. Aufl. 2013, ISBN 9873741280665

Platen, Heide; Das Rattenbuch – Über die Allgegenwart unserer heimlichen Nachbarn; Campus, 1997, ISBN 3-593-35825-5

Rauth-Widmann, Brigitte; Meine Ratten; Kosmos, 2000, ISBN 3-440-08050-4

Rauth-Widmann, Brigitte; Ratten, Mäuse & Rennmäuse als Heimtiere; Örtel + Spörer, 1999, ISBN 3-88627-224-9

Schulz, Michaela; Das große Heimtierratten Buch; Books on Demand, 2010, ISBN 9783842335516

Verhoef-Verhallen, Esther; Kaninchen- und Nagetiereenzyklopädie; Dörfler Fauna & Flora, ISBN 3-89555-073-6

Weiß-Geißler, Erika; Das andere Rattenbuch; Books on Demand, 2004, ISBN 3-8334-1525-8

Wersba, Barbara; Ein Weihnachtsgeschenk für Walter (Liebenswerte Weihnachtsgeschichte mit Ratte als Haupt"person"); Tulipan, 2. Aufl. 2007, ISBN 978-3939944065

Wilde, Christine; Ihr Hobby. Spiel und Spaß mit Ratten; Bede/ Ulmer, 2012, 978-3-8001-7533-8

Internet:

Anleitungen für selbstgemachtes Rattenzubehör: www.spikeskleinewelt.de

Bubus Rattery: www.bubus-rattery.de (Genetik der Farbratten und mehr)

Club der Rattenfreunde Schweiz: www.rattenclub.ch

Fressnapf (Zubehör, Futter & Co.): www.fressnapf.de

Käfigbau Barnigeroth (Volieren und Käfige nach Maß):

Rattenecke (Haltung von Farbratten): www.rattenecke.com

Rattenforum Ratteneck: www.ratteneck.eu

Rattenschutz- und Zuchtbund e.V.: www.rattenschutz-zuchtbund.de

Rattenzauber (Erika Weiß-Geißler): www.rattenzauber.de

Tierische Eigenheime (Eigenbauten; Anregungen für handwerkliche geschickte Rattenhalter): www.tierische-eigenheime.de.tl

Verein der Rattenliebhaber und -halter in Deutschland: www.vdrd.de

www.farbratten.com (Wissenswertes rund um Farbratten und ihre Haltung)

www.kaefige-nach-mass.com (Käfigbau Barnigeroth; Käfige und Volieren nach Kundenwünschen hergestellt)

www.kleintiervilla.de (Gehege, Ställe und Volieren)

www.knabberzweige.de (Heu, Knabberzweige)

www.trixie.de (Zubehör)

Zooplus (Zubehör, Futter & Co.): www.zooplus.de

Weitere Bücher von der Autorin:

Das kleine Buch vom Deutschen Boxer; Books on Demand, 2020, ISBN 9783750469006; 13,00 €

Das kleine Buch vom Deutschen Spitz; Books on Demand, 2., überarb. Aufl. 2018, ISBN 9783744892896, 15,99 €

Das kleine Buch vom Dobermann; Books on Demand, 3., überarb. Aufl. 2020, ISBN 9783751930895; 16,99 €

Das kleine Buch vom Tschechoslowakischen Wolfshund und Saarlooswolfhond; Books on Demand, 4., überarb. Aufl. 2020, ISBN 9783751959407; 25,00 €

Das kleine Buch vom Weißen Schweizer Schäferhund; Books on Demand, 2., überarb. Aufl. 2018, ISBN 9783743192508, 16,99 €

Das kleine Buch vom Wellensittich; Books on Demand, 2017, ISBN 9783743192508, 16,99 €

Das kleine Katzenbuch; Books on Demand, 2017, ISBN 9783743180116, 22,99 €

Das kleine Schlittenhunde-Buch; Books on Demand, 2018, ISBN 9783748107194; 18,00 €

Das kleine Schnüffelbuch; Books on Demand, 2020, ISBN ISBN 9783751902267; 14,99 €

Das Seidenpfotenbuch; Books on Demand, 2018, ISBN 9783749470549; 20,99 €

Deutsche Spitze: Vergessen und doch geliebt; Books on Demand, 2020, ISBN 9783750434660

Eisenach: Die Stadt am Fuße der Wartburg; Books on Demand, 2018, ISBN 9783752876659, 22,99 €

Eisenach: Die Stadt im grünen Herzen Thüringen; Books on Demand, 2020, ISBN 9783751954976; 17,00 €

Eisenach: Ein Bilderbuch; Books on Demand, 2018, ISBN 9783752802733, 9,99 €

Katzen: Liebenswerte Seidenpfoten; Books on Demand, 2018, ISBN 9783752839920; 12,00 €

Nasenarbeit für Hunde; Books on Demand, 2018, ISBN 9783752849660, 18,99 €

Rund um die Wartburg; Books on Demand, 2017, ISBN 9783746046945, 19,99 €

Schlittenhunde: Ein Bildband; Books on Demand, 2., überarb. Aufl. 2018, ISBN 9783746077505; 30,00 €

Weiß wie Schnee und Schwarz wie Ebenholz: Weißer Schweizer Schäferhund; Books on Demand; 2019, ISBN 9783749454211; 10,00 €

Weiße Schweizer Schäferhunde einmal anders; Books on Demand, 2018, ISBN 9783752895605; 16,99 €

Weiße Schweizer Schäferhunde: Perlen im Licht der Sonne; Books on De-mand, 2018, ISBN 9783746066103; 20,99 €

Weißer Schweizer Schäferhund; Books on Demand, 2018, ISBN 9783752823653; 10,00 €

Wellensittiche: Liebenswerte Flatterbande; Books on Demand, 2019, ISBN 9783732290390; 15,00 €

Wellensittiche; Books on Demand, 2018, ISBN 9783746098517; 20,99 €

Treue Freunde; Books on Demand, 2021; ISBN 9783753478654; 14.00 €

Das andere Katzenbuch; Books on Demand, 2021, ISBN 9783754325346; 7,00 €

Das andere Pferdebuch; Books on Demand, 2021, ISBN 9783755741541; 12,00 €

Das kleine Buch vom Samojeden; Books on Demand, 5., überarb. Aufl. 2021, ISBN 9783755758570; 17,00 €

Ratten sind auch nur große Mäuse. Kleine Fellnasen mit großem Herz; Books on Demand, 2., überarb. Aufl. 2021, ISBN 9783754338476; 8,00 €

Weitere Bücher von der Autorin:

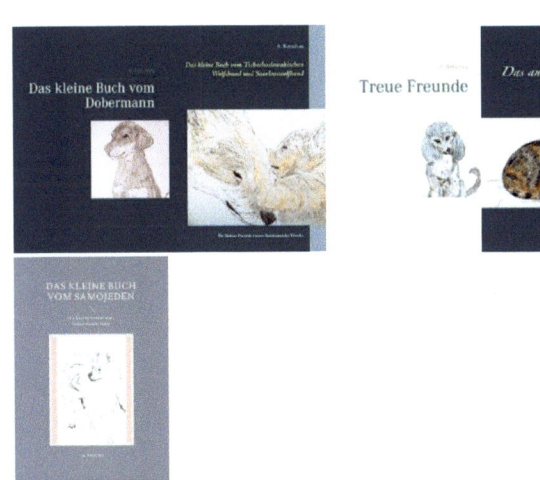